我的平壤故事

杜白羽 著

华夏出版社
HUAXIA PUBLISHING HOUSE

图书在版编目（CIP）数据

我的平壤故事 / 杜白羽著. --北京：华夏出版社，2014.1（2017.6重印）
ISBN 978-7-5080-7891-5

Ⅰ.①我… Ⅱ.①杜… Ⅲ.①新闻－作品集－中国－当代 Ⅳ.①I253

中国版本图书馆 CIP 数据核字（2013）第 266308 号

我的平壤故事

作　　者	杜白羽
责任编辑	高　苏　杜潇伟

出版发行	华夏出版社
经　　销	新华书店
印　　刷	北京中科印刷有限公司
装　　订	三河市少明印务有限公司
版　　次	2014 年 1 月北京第 1 版 2017 年 6 月北京第 2 次印刷
开　　本	710×1000　1/16
印　　张	11.5
字　　数	150 千字
定　　价	28.00 元

华夏出版社　地址：北京市东直门外香河园北里 4 号　邮编：100028
　　　　　　电话：（010）64663331（转）　网址：www.hxph.com.cn
若发现本版图书有印装质量问题，请与我社营销中心联系调换。

目 录

上部　平壤的市井声息

我在朝鲜挺有名〔代序〕
(1)

一、春访朝鲜
(3)

二、舌尖上的平壤
(8)

三、市井民生"四个木有"
(11)

四、亲历朝鲜时尚转型
(15)

五、地铁里的一面之缘
(21)

六、友谊酒吧的姐妹
(24)

七、谈一场朝鲜式纯情恋爱
(30)

八、走进牡丹峰名媛的摇篮
(35)

九、友谊塔下的约定
(40)

十、放生大同江
(45)

十一、玉流夜雨·古道秋黄
(52)

十二、外国人的周末 Party
(56)

十三、我成为朝鲜 3G 手机上网第一人
(62)

十四、朝鲜电影城的穿越之旅
(67)

十五、阿里郎，朝鲜民族的同一首歌
(74)

下部 朝鲜深度游

一、"主体百年"四月天
(83)

二、"向着最后的胜利前进"
(90)

三、金正日逝世周年祭
(99)

四、金正恩派直升机营救中国矿工
(105)

五、朝鲜劲吹体育热风
(110)

六、第一夫人"雪主气质"
(117)

七、"世无所羡"的先军少年
(123)

八、"以征服宇宙的气魄"建设经济强国
(130)

九、金正恩大手笔开发国际旅游区
(136)

十、谷歌与朝鲜,究竟擦出什么火花?
(143)

十一、罗德曼玩转"篮球外交"
(149)

十二、开城工业园,历经风雨见彩虹
(156)

十三、跨越"三八线"
(162)

十四、最可爱的人"战胜节"再聚首
(170)

我在朝鲜挺有名 （代序）

午后2点的秋阳射进大巴车里，暖暖的。

开城。车绕行南大门一圈后，我见到了传说中最美的银杏古道。满目银杏秋黄，金灿灿的银杏叶泛着饱满的太阳光，在天气晴好的投影下变幻着光影斑斓的色彩之韵。这不是随意的一条小径，是曾经沧桑如今却恬静安然的古道民居。五百多年的开城古道，修得仿佛重建的旅游区观览房似的新鲜。灰色屋顶，白红相间的墙裙，宽阔的马路上，行人步履悠然。

徜徉在无人打扰的古都开城，将时光以脚步丈量，世界那么安详、宁静。高跟鞋噔噔噔踏在石板地上，走出异域仙境的一段旋律。小桥流水，红绿斑驳的爬墙虎，匍匐恣蔓在仿古怀旧的暖阳中……几个年轻小伙从身后走过，抛给我一个熟人似的微笑。他们推开一扇没有绿绳上锁的大门，回头和我打招呼："你是新华社记者吧？"

一切来得恍惚又熟悉，我不认识他们，可是他们却认得我——如今在朝鲜，无论走在哪里，我经常被素未谋面的朝鲜人一眼认出，议论声啧啧："看，那个新华社记者诶！"

前往开城板门店参观，高帅帅的兵哥哥从地形图讲解室出来，朝我开心地微笑。他说："我好像见过你，好眼熟啊。"世上男人套近乎的话，概莫能外。

"这是我第一次来板门店，怎么会眼熟呢？"

"哦，你是新华社的那个记者，在电视上见过您的。你好，你好。"他握住我的手说。

另一位朝鲜人民军大尉，只一眼就认出了我："在电视上见过您的，杜记者同志。没想到能见到您本人，真是荣幸。"

这样的知名度，源自几场朝方组织的记者会——在会上，我曾提问和发言，朝鲜同行给了我不少镜头。从那时起，我就轻易地"被识别"了，中国新华社年轻女记者俨然成了公众人物一枚。我常去的餐厅服务员纷纷上来和我打招呼说："记者老师，又在电视上看到您了。我们还和其他顾客说，这位中国记者常来我们餐厅呢。"而当我再去附近一家裁缝店修改衣服时，修鞋大叔和裁缝大妈几乎同时满脸笑容地认出我来："原来您是位记者啊。年轻有为啊！"裁缝大妈对我的态度顿时从普通升级到了VIP，我也享受了一把"名人"的感觉……

大概由于驻朝外国记者少，而重要的政治新闻，朝鲜中央电视台往往连续播放一周之久。朝鲜人对于我这种混个脸熟的"广告"记忆之清晰，也体现了朝鲜人对时政的关注度之高。加上朝鲜中央电视台经常会口播一些"来自新华社（对朝鲜）的报道"，因而"新华通讯社"在朝鲜百姓中影响很大。

新华社平壤分社与中国香港、伦敦、布拉格等分社同属第一批，最早建站的新华社海外分社，具有悠久而光荣的历史。首任记者、女外交官丁雪松日后回忆说:"中宣部于1949年9月16日致电中共中央东北局:派丁雪松同志为新华社驻朝鲜特派员,刘桂梁为记者,前往朝鲜工作。"丁雪松听从国家安排,在西平壤觅到一幢木结构的二层小楼,9月21日即挂出新华社平壤分社的牌子,开始正式办公。9月28日,以平壤电头发出第一条消息《朝鲜人民欢迎中国人民政治协商会议召开》。

当年的记者前辈,冒着枪林弹雨随志愿军在前线,从战地发回报道,真实鲜活地反映和记录了朝鲜战争;往返于半岛南北,将毕生精力献给朝鲜半岛新闻工作的前辈,树立了新华社在朝鲜官方与民间的口碑与心碑。

参观板门店后,大尉将我们一行带到板门阁一层的贵宾室,坚持让我写一段感想文留作纪念。看看我们的记者同志在三八线上会留下怎样的一笔。我用中文和朝文写道——

愿半岛北南早日实现民族统一夙愿,愿中朝友谊源远流长。

大尉竖起拇指连连点头称赞感谢,又问我平时是怎么报道朝鲜新闻的。我说:"我们会客观公正地把朝鲜取得的进步展现出来。"他说:"对,请让事实说话。我们不是要您去溢美,但像西方媒体对我们专挑负面的报道,也是不客观、不尊重事实的。"

这种对于客观报道的渴望,我在朝中社同仁那里多次感受到——"我们希望外界对朝鲜有一个客观公正的报道,不要歪曲也不必美化,只要真实,讲事实就好。"

提起朝鲜,人们也许首先会想到穷、核试验、金家政权、神秘莫测等等。惭愧,读了四年朝鲜语专业、从事新闻工作的我,亦是对朝鲜的真面目知之甚少。这与西方人拿对立的意识形态将朝鲜"妖魔化"引人误读密不可分。

　　读了不少东北亚安全大战略、朝鲜半岛历史的学术书，我希望做一个真实记录当下朝鲜的优秀记者。悸动的想法翻滚跳跃，转瞬即逝，我决定把我在平壤的观察、心境和故事，固化为文字……

上 部

平壤的市井声息

一、春访朝鲜

2012年春,飞机缓缓降落平壤顺安国际机场。在朝鲜敞开"强盛大国"之门的时候,我走进了这个神秘的国度。

我的常驻之旅始于乍暖还寒的植树节。朝鲜迎来了新领导人接班百日,等待我的则是做好记录一个新时代的刺激。

相识十八年的发小儿,专程来京为我送别。这堪比"风萧萧兮易水寒"的壮烈,被俩小姑娘演绎得温情达观。虽天各一方,朝美会谈之日,就是我们沟通感情之时。"来日纵使千千阙歌,飘于远方我路上……"临别不以眼泪注释悲怆。

告别家乡、京师的亲友,道一声珍重。临行前和闺蜜高唱着《飞得更高》歌,莫名的潇洒席卷全身,多紧的拥抱,怕都会在鸭绿江彼岸变得遥不可及,而我深知,和我心牵一线的,不是别的,正是一双双好奇的眼睛与期待揭谜的先睹为快。我要飞得很高,飞往这命中注定必须拿出青春年华用心体验的独特疆域。

乘机场快铁驶进航站楼,有种渐渐挥别祖国进入邻邦的出离状态。耀眼的午后阳光,灿烂得令人心醉。心中泛起嘀咕,刚才托运行李时就我一人,是否预示着今天会有"包机"待遇?

没想到,进航站楼的巴士上,竟人满为患。车上汇聚了各色人等,外国人占半数以上。带宽沿帽、西装笔挺的欧美绅士;装束艳丽的金发淑女；白发苍苍学者模样的亚洲人；身着统一运动装的一伙年轻工人；当然还有我，一个无人为伴、可单独算作一类的女孩，招来帅哥、大爷们的视线扫描——"你怎么要去朝鲜"的问号，挂满了巴士，弥漫在刻意按捺却也兴奋异常的空气中。

坐在我身边的蓝眼睛美女，举手投足之间显现出习以为常的淡定。攀谈中得知她叫爱娃，是捷克的外交官夫人，随丈夫在朝鲜已近三年："我的大儿子在俄罗斯使馆学校读书。我们不时来往于北京和平壤。"

一番交流之后，我们开始登机，寻找各自的座位。不得不惊讶，这是我乘坐过的欧美人最多的一次航班，而爱娃和熟人间的相互问候，证实了我之前关于这些外国人多是外交官的猜想。前排三个不同国家的男人神聊不息，他们互换名片，互助填写"出入境证明"。斜对面大老远处，勾着头、欠着身的中外老太太、老爷爷亦是一刻不停，聊得出神入化……每个人都想知道别人的"朝鲜故事"，机舱一眼望去，没有一人困觉或无聊。

飞机升空，向东飘去，就像一朵祥云。

一个半小时后，开始降落。山脉连绵，雪痕依稀，黑山白水，一片结冰的湖泊白光粼粼。近了，又近了，褐色的土地、田野就在眼底，城市、楼房的模样愈发清晰……飞机顺利着陆，平安地降落在朝鲜顺安国际机场。缓慢滑翔，掠过稻田，远远看到田野沟壑里似乎在建设中的房子和大幅标语，耸立在晚霞中的白色圆顶天文台，一排错落有致的白房子整齐静立。而就在五十米开外处，头也不回专心吃草的绵羊，提醒我：飞机即将停下。

机场停有几架高丽航空的飞机，机尾上标有朝鲜国旗的图案，机身上写着"AIR KORYO"。下了摆渡车，等待出境。

前面的队伍迅速变短，出关之神速超乎想象，转眼就轮到我了。检查手续的朝鲜帅哥浓眉大眼，对我微微含笑，那是一种友好但严肃、亲切却威严、有点儿老电影里革命情谊的笑。

他看了我的护照，用中文问："新华通讯社，记者？"音量近乎自语。我回答了他。他侧脸问我："有人来接吗？"我这才顺着他眼神的方向朝出口看去，首席记者正在朝我点头，原来，分社的同事们已等候在一步之遥的安检口。首席一边压低声音说："是的，是我们新来的常驻记者。"一边和我打招呼。瞬间，我那免签证的护照被退回到手中。朝鲜帅哥又冲我一个浅笑，程序简单如火车站出站验票，再没有层层检查。

我顺利地和同事会合后，就一起出了机场。从机场到市区的路上，我第一次见到了平壤——街边鹅黄、暖绿、灰白、浅粉色新旧交错的住宅楼，一眼望去就像中国北方的城市；街道整齐而安静，行人步履匆匆，神情笃定，或推着自行车上坡，或背着鼓鼓的双肩包下行……

朝鲜多是山地，这与韩国的地形很相似，上坡下山考验着人们的体力，也培养了他们登山的爱好。车窗外，放学回家的小学生，欢乐玩闹着过马路；接送幼儿园孩子们的校车，是我一路看到的最新款的大巴；身着黄绿色军棉衣，挖土栽树的军人们，三五成群正在埋头苦干。对啊，今天是植树节。"请把我埋在，在这春天里……请把我留在，在这时光里……"手机里反复播放着《春天里》，让我找到了一种通感，就让我也在心底种一棵苗，春天播种，不断耕耘，开花……

平壤城区街道宽阔，比起北京的走走停停，我一下子喜欢上了这里车行无阻的流畅。每个红绿灯路口中央，都精神抖擞地站着一位女交警(当然也不时看到交警大叔)，她们身穿鲜亮的湖蓝色制服，配上狐狸毛的衣领、袖口、警帽、黑靴，远远望去，煞是惊艳。女交警指挥动作的劲道与英姿，举手投足间彰显出专业军事化训练的巾帼范儿，车近了，转个弯，识得女杰的真面容——妆容精致明艳，眼神刚强地投向前方。她眼角余光迅速瞥过来，我刚举起手机的手瞬间缩了回去——"不可拍照"的含义被不动声色地准确传递出来。女交警的美，美得令人敬畏。

我每到一个城市，总是迫不及待地要去一览她的容颜，记得大学时初到韩国，独自一人游走在延世大学附近的"新村站"街口，品尝路边小摊"包装马车"（韩语）里，"阿朱妈"做的炒年糕……那辣得我差点流泪的味道，至今流连在唇齿之间。时隔三年，我以记者身份来到朝鲜，一个纵使在朝韩圈子里也多是"有耳闻，难得一见"的神秘之国，又是另一番心情。我将在此常驻，在此雕琢时光……

算是为我接风吧，分社同事带我来到位于使馆附近牡丹峰上的牡丹峰餐厅。餐厅装潢颇为西式，白色桌椅，刀叉餐巾干净整洁，屏风隔离出独立的空间。打开厚厚的菜单，缤纷的朝式、日料、中西餐佳肴图样，让我陷入"选择恐惧"，生怕点的餐非特色不美味。熟悉情况的同事推荐了红烧牛尾、泡菜、炸多春鱼和炸酱面，还有我第一次听说的松子粥。

松子粥是朝鲜的家常主食，把松子磨成粉，与白米粥一起熬，独特的松子香正合我的口味。我知道，在韩国，熬粥通常是给病人的"特殊待遇"，因而很少能在饭店点到。半年前在吉林延边州采访，也没听说过这种做法，倒是牛尾和多春鱼，味道颇似珲春市的料理口味，多子无刺的多春鱼，只一口，像《追忆逝水年华》里的玛德兰点心，味觉穿越，将我带回延边采访的场景。

年轻貌美的女服务员身着黑色裙装,千鸟格背心,头发盘起挽成发髻,职业而素雅。她们经受过专业训练,倒茶点餐,均使用的是朝语最高敬语,也就是陈述"思密达"和疑问"思密嘎"体,声音轻软,虽不娇嗲,却也婉转,歌唱般动听。

我注意到,和国内通常以一位服务员为主服务一桌不同,每一次上菜,都由不同的朝鲜美女端上,其中一位长得和韩国明星金泰熙十分相像。这位气质出众的服务员,只是浅浅微笑,和我们的面部交流,仅限于嘴角内收、微微上扬。她的眼睛明亮清澈,皮肤白皙,脸盘精致而饱满,最符合朝鲜人的审美——圆脸,且越白越好。她们化了妆,只是眼影、眼线的笔法,颇值得切磋。同事介绍说,朝鲜的服务员都是从专业外事培训的商校毕业,歌舞乐器,至少一样精通。

低头看她们穿丝袜的鞋子,黑皮粗高跟,难以 handle 的高度!她们个个脚蹬厚底松糕,有的甚至是目测高度约十二公分的超厚高跟。出门之前,我指着她们的高跟鞋,夸赞漂亮,问哪里可以买到。她们相视而笑,回答道:"市场就有卖的。"我问是什么市场。"随意哪家市场,到处都有卖的呢。"朝鲜姑娘灿烂地咯咯笑答,露出洁白牙齿。

我也要买双朝鲜超高跟诶!

二、舌尖上的平壤

平壤新地标——一年半之内建成的仓田街,成为朝鲜人民创造强盛国家美好生活的典范。蓝白相间的高层住宅楼群,被外界称作"平壤CBD",夜晚灯光璀璨,霓虹炫目却不刺眼,繁荣却远离奢华。驻朝使节、前来观光旅游的欧洲游客同样为朝鲜之变而赞叹,这里竟然是……平壤?

仓田街两侧错落有致的民用、商业建筑多用蓝色、茶色玻璃,富有设计感和现代气息。日出餐厅一层设有超市,各国进口商品琳琅满目,从新鲜水果、巧克力、饮料、零食,到现做的北京烤鸭、紫菜包饭,生活用品应有尽有。二层左侧是日出餐厅,右侧则是蛋糕店和咖啡厅,各式西点蛋糕品种丰富,有布朗尼蛋糕、裱花生日蛋糕以及牛角面包、泡芙等。两位穿着时尚的朝鲜姑娘自选好面包后正在结算、打包。

朝鲜的餐馆通常分为外事接待餐厅和朝鲜人自己的家常饭馆。前者较贵,是收取外汇的,后者便宜,以朝币结算;前者往往是西式、现代的装修风格,后者曾经昏暗狭小,但近几年来两者的界限在模糊,差别在缩小。如今在一些高档的涉外餐厅里,常能见到一些朝鲜家庭和情侣,而街边翻修一新的家常菜馆,也常有外国人光顾。

在平壤,只要手里有外币,就可以实现:"没有吃不到,只有想不到":西餐厅、快餐店、中餐火锅、日式料理……各种正宗口味的食品应有尽有。在平壤海棠花餐厅，我点了一盘黑亮似糯米糕的点心，叫作"土豆馒头"，土豆粉和的面，色呈棕黑，皮厚而有嚼头，咬开来，竟是"泡菜馅"。朝鲜人对土豆特别偏爱，朝鲜两江道大红丹郡盛产土豆，有一首动听的歌叫《大红丹三千里》，歌词里唱到"美丽的土豆花"。

朝鲜人还喜欢一种特色的"脱皮"（明太鱼干）吃法，即撕着吃风干、烤干的明太鱼。大家一人截取其中一段，像剥瓜子似的，一层层撕去鱼干的纹理。撕鱼之乐不在肉，在乎其乃饮酒之伴侣也。有了明太，啤酒才喝得尽兴，喝得绵延不绝，若将其烤了吃，就更香更易嚼。

都说朝鲜人爱吃狗肉，朝鲜族悠久的饮食传统中，有三伏天吃狗肉"以热治热"的说法。但如今在朝鲜，大多数餐厅的菜谱上并没有狗肉汤这道滋补名肴。吃狗肉要跑到专门店，在光复大街上有一家提供外卖的狗肉店，堪称老字号。

传统料里中，高丽饭店旁边的一家小店的酱汤很好喝，阿里郎餐厅以拌饭闻名。还有朝鲜绿豆煎饼，将绿豆磨成粉，加入蔬菜、肉、葱等，调成糊状摊制而成，有预防和治疗动脉硬化和解酒的独特作用。开城参鸡汤，将鸡的内脏去尽洗净，灌入糯米和人参，放到陶制罐子内炖熟，滋补又美味。

要问坐落在大同江畔那座通体透亮的玉流馆"宫殿"什么最好吃，答案是冷面。来朝鲜一定要品尝一下正宗的平壤冷面，清流馆和玉流馆是卖冷面的老字号，青瓦白墙的古典建筑新装修后更显气势。在那仿佛锅盖状的金黄色铜器里，铺上一层牛羊肉、桔梗、蕨菜，浇上鲜美的肉汤，拌上足料的白醋和芥末，一道朝鲜人最爱的传统美食就做好了。酸甜冰凉的口感让人越吃越爱。

平壤有不少擅长日本料理的餐厅，口味都很正宗。一次外国人聚餐，在门面并不起眼的庆兴餐厅，各色寿司、生鱼片和日式料理让原本口味难调的各国友人赞不绝口。大厨从后厨走出，询问我们口味如何，得到我们的赞扬后，他说："我这全靠自学，没有受过日本人培训。"得意扬扬地炫耀自己自主学习的本领。

在外交团会馆的定食中，还能品尝到日式"松茸茶"。先将一片柠檬放入壶中，再将壶顶上的茶杯取下，我自斟自饮，坐在二层落地窗旁朝下望，看着游泳池里自由徜徉的人们，度过一个惬意的下午。

在朝鲜餐厅用餐、超市购物，有个十分有趣而独特的现象：各种货币可混合交易结算。比如一份拌饭，菜单上标价为800朝币，但结算时却只能用外汇。按照官方比价美元对朝币1比100的汇率换算，即约8美元，无论外国人还是朝鲜人，拿美元、欧元、人民币、日元付账都行。

朝鲜政府2009年更换货币后，美元等外汇在朝鲜的流通日益广泛。据说现在普通朝鲜民众手里都持有一定数量的外币。朝元对美元汇率基本稳定。现阶段在朝鲜市场上1元人民币可兑换1200朝元，1美元可兑换7320朝元。官方汇率为1美元兑100朝元，两者之间的差距在六十倍至七十倍之间。在朝鲜此般的经济双轨制下，居民可用外币购买一些配给制之外的商品。

三、市井民生"四个木有"

2012年以来,朝鲜各大惠民设施如雨后春笋般出现:统一大街运动中心、羊角岛体育村、人民露天滑冰场相继竣工,各社区公园内的便民运动设施配备一新,新建有旱冰场和迷你高尔夫球场。集餐饮、洗浴、按摩为一体的柳京院,朝鲜"高富帅"、"白富美"云集的海棠花馆,成为百姓"享受社会主义荣华富贵"的休闲场所。

光复地区商业中心、普通江百货商店相继营业以来,大型超市的概念和作用已被平壤市民普遍接受。时常可以在超市看到购物的朝鲜百姓,一家老少推着购物车,选取各国商品,以外汇支付,过上了现代化的消费生活,也改变了我刚到朝鲜逛百货店时"凭票供应、物资短缺"的印象。

朝鲜百姓的生活图景究竟是怎样的?通过一段时间的观察,我发现了颇具朝鲜特色的"四个木有"——当然这里的"木有"已经不是"没吃没喝"了。

第一,"没有防盗网的楼房"。

楼房不安防盗网却鲜有偷盗,夜里街道黑黢黢的,人们也不怕独自走夜路,这足以证明朝鲜的社会治安稳定。取代防盗网的,是家家户户摆放在阳台上的鲜花(也偶见假花)。平壤的高层住宅楼挺多,且造型讲究,色彩鲜艳,粉白、鹅黄、暖绿、月蓝、淡紫,体现了朝鲜民族的色彩审美取向。有些楼房经年久远，色泽日渐暗淡，居民会在卫生月和节庆前重新上色粉刷。而更神奇的是，朝鲜式为楼房加宽加高的盖楼法，在不拆除原有楼房的基础上，将楼房向两侧和高空延展，此般垒积木的盖楼法，让外国人看得心惊。

朝鲜的治安好，是所有外国人有目共睹的。习惯了四海为家、常年在世界各国工作的国际NGO工作者，比较起在其他欠发达国家地区的工作经历，最大的感受就是，"朝鲜社会稳定，是个与犯罪黑暗绝缘的净土"。朝鲜百姓都是"人民"，鲜有混杂其中的"敌人"，这正是朝鲜要建设社会主义文明国家的目标。正因为在朝外国人总抱有"朝鲜≈世外桃源"的认识，也偶尔会因大意疏忽而招致财物损失。近来，偶尔听说在一些允许外国人出入的集贸市场，外国人的皮夹、手包被"挤掉"的事件。尽管朝鲜公安部门会鼎力协助，但踪迹往往难觅。"看来小偷还是哪里都存在啊，朝鲜也不例外！"听外国朋友发出这声感叹的同时，另一番滋味在心头：我们还是把朝鲜人想得太非同一般了。

平壤入夜早，地铁通常到晚上10点，公交车只开到晚上9点，平壤极少人有私家车，外国人走夜路出行时，不时会看到有朝鲜人站在路口招手搭顺风车，待车开近了，一看到是外国车，朝鲜人也就不再招手了。

如果周末从光复大街的少年宫路过，常会遇上一些清纯貌美的女中学生，站在路边招呼搭车。这个时候路过的外国车辆热情地停下，朝鲜小姑娘一看是外国车，会礼貌拒绝，但最近倒也听说多了些"胆敢"上中国朋友的车的"女杰"。

有一次，我穿着新做好的朝鲜传统服装到万寿台区照相，出门才发现忘记携带记者证。我们司机开玩笑提醒说，万一遇到警察问询，可一定要只说中文不讲朝语哟。其实，警察大叔已不像从前管得那么严格，睁一只眼闭一只眼，任我在市中心随意摆拍。不时有市民向我投来稀罕的眼光，他们甚至举起手中的相机拍我。不远处，有几个看热闹的学生，我招呼他们一起合影，他们大方地走过来，冲着镜头微微笑。

第二，"没有拥挤的排队"。

平壤市民出行的交通工具有地铁、有轨电车和公交车等，近来出租车数量也多了不少。今年起陆续增加了一些新公交车，公共交通看上去不再那么不堪重负。我多次乘坐朝鲜地铁和公交车，票价均为5元朝币，价格低廉，是大众出行的上选。

在车站排队等了十五分钟后，我跟随人群"拥而不挤"地乘上一辆公车，虽然车里的座椅、扶手都很沧桑，却丝毫不觉得脏。

女人骑自行车，在朝鲜长期以来被视作是"伤风败俗"、有损道德形象，于是我常常看到女人推着载有大包小包行李的自行车，却从不骑起来。

从2012年9月起，朝鲜已经放开限制，允许女人骑自行车。我曾向朝鲜女盟的干部求证，得到了肯定的答复。今年以来，在平壤街头，可以看到越来越多骑自行车的男女老少，更多出了不少摩托车。

从2012年开始，平壤的公交站点开始安装长椅和休息亭，但还是能看到宁愿蹲在地上，也不去长椅上坐的中老年人。朝鲜人特别能蹲，不知道是不是和从小坐炕有关。他们干活一般也愿意蹲着，蹲在草地上拿小剪刀细致地做园艺，蹲在炕上"舒服"地做饭。每逢节假日在路边、在草地上、在绿荫下，喝啤酒吃明太鱼的男女老少，不用铺垫报纸，只需舒舒服服地朝地上一蹲，就能吃一顿安稳欢乐的野炊。

更神奇的是，据说那些长途跋涉去异地的人们，天黑了走累了，就这么"猫"着蹲下休息，不用躺铺盖，不用坐马扎，两腿叉开蹲坐下来就是休息。不得不佩服的是，女人脚踩高跟鞋也能蹲得舒服安稳。

第三，"没有人声的街道"。

朝鲜的城镇普遍都安静整洁，没有车水马龙般拥堵的交通，宽广的马路上行人车辆总是悄默无声，在市中心闭上眼睛，宛若置身公园小径，行人并肩低语交谈，音量低至绝不妨碍他人享用安静的公共空间。

我参加过许多朝鲜的大型集会活动，朝鲜人动静结合的转换功力让人叹为观止。大型团体操文艺表演《阿里郎》有十万人参演，结束之后，我眼见数万人有秩序地默默离场，不由得感慨这是怎样的"训练有素"。我好奇地问朝鲜同志，为什么朝鲜人在公共场合如此无声？何以在欢歌热舞之后迅速"散热"，是社会习俗或组织者的要求吗？得到的答案却超出预想："是家庭教育吧，家长会从小教育子女不要在公共场合大声喧哗。"

第四，"没有广告的城市"。

没有广告，是朝鲜最大的特点之一，除了平壤机场路上和火车站外的"和平牌汽车"广告牌外，道路两边的店铺名牌很少，道路显得干净整洁，企业、公司没有宣传竞争的概念，没有商业广告，店铺的名称也比较单一，如餐饮就叫"餐厅"、"清凉饮料"，前面通常以地名打头，"大同江"、"普通江"、"万景台"、"牡丹峰"等。当然，朝鲜是个政治性极强的国家，有一些标语和口号。曾有报道说"平壤惊现英文广告CNC"，这当然不是中国网通的广告，也不是像新华社占据纽约时代广场大屏幕一样，到仓田街抢占先机打出自己的电视品牌CNC。这里的CNC是 Computer Numeralize Control（数控机床），在朝鲜象征着"突破尖端科技"。

四、亲历朝鲜的时尚转型

夏末秋初的平壤街头，不时有手撑遮阳伞、脚踏复古松糕鞋、身着亮丽职业裙装的女子从你身边飘过。她们略施淡妆，披波浪卷发，散发出清纯的时尚气质。如今，人们时常可以在平壤街头瞥见衣着入时的年轻女子，从头到脚都与国际正流行的"复古风"接轨：大波浪卷发搭配罗马高跟鞋、裸色衬衫搭配海蓝色百褶裙、蕾丝连衣裙搭配复古手包……在不经意间演绎出颇具时尚感的个性美。

近年来，时尚界"长裙"当道，但朝鲜女子的裙子却有逐渐短上膝盖的趋势。如今，除了夏季里以穿裙装为主外，朝鲜女性在春秋冬三季主要还是以穿裤子为主，这点和外界漫天飞的"朝鲜女人不穿裤子"的谣言，出入甚大。朝鲜女人热爱穿裙子是一种传统，韩国女人也一样，正式场合女人应该穿裙子，否则会被认为不礼貌。而如今，这种观念也渐渐在转变。

多年前有则趣闻，有位使馆阿姨，喜穿裤子上市场买菜，被当成本国人，屡被街道办的大妈从身后按下，"骑马(即裙子)！为什么不穿骑马？"是女人就要穿"骑马"，穿裤子的是男人。以至于朝鲜俚语中，把男人叫"裤子"，比如委婉地问未婚女孩子："你想要怎样的'裤子'啊？"

其实，朝鲜允许女人穿裤子早已有些年头了。不过，朝鲜女性穿的裤子还是20世纪90年代流行的阔腿裤——上下一般粗的布料裤子，以白、蓝、黑为主。

年轻女子则特别钟情丝袜。夏季里的肤色丝袜质量奇好，透气而不容易挂丝，我从国内带来的品牌袜一律"退休"，夏末初秋里两双"平壤袜厂"的袜子就足够了。在朝鲜，衣着最"开放大胆"的要数小朋友了，不到上学的年龄就不必穿统一的校服，所以，常常在街上看到穿得很公主的小女生，艳丽的色彩、蕾丝花边、蝴蝶结……夏天也属她们最"暴露"，小短裙、吊带背心，穿得还真少。

"走，到银河店淘宝去。"出口转内销的银河牌，是在朝外国人最爱的淘宝小店。衣服款式虽不多，却用料讲究，价格是国内同类产品的两到三折，比如一件丝质衬衫仅卖3.8美元，到了冬天，羽绒服更是"冰点价"，十几美元就能淘到一件质量上乘的羽绒服。休闲欧版、甜美日韩系，有些裙装的款式十分开放时尚，露背吊带的迷你裙挑战试穿者的接受尺度。

虽然街头没有女生穿吊带短裤，但她们更多的炫耀是在脚底——大街小巷，行走中女人的最大共性就是人人脚踩一双厚底松糕鞋。朝鲜厚底松糕鞋的流行跨越年龄、职业，从"大妈"到中学生，清一色地脚踩高跟鞋。朴素的中学生虽身着统一的白短衫、高腰百褶裙校服，却有高跟鞋张扬个性。这些鞋子款式多样、色彩缤纷，从水晶防水台到木质粗跟、从黑白色拼接到渐变色……应有尽有。这样的鞋子在凭票供应的百货店难得一见，引导流行的地方在人群熙攘的集贸市场。

位于平壤凯旋门附近的北塞洞商业街的北塞商店，是平壤为数不多的高端"奢侈品"店，由一家新加坡公司控股。外墙色泽淡雅的两层建筑，茶色镜面玻璃透露出它的低调、华丽，门口不时有平壤市民进进出出。卖场主营各类进口高档乐器和电子产品,陈列其中的有精致的架子鼓、吉他、小提琴,索尼、东芝等知名品牌的液晶电视,各类国际知名品牌的笔记本电脑、数码DV以及数码相机等。

而相比非常人问津得起的"大牌"化妆品,一般的朝鲜姑娘更喜欢用物美价廉,属于朝鲜人自己的"春香牌"。唇彩2到3美元,人参补水7美元,一个精美的礼盒套装下来也就25到35美元,且原料天然,因而人气颇旺。不化妆不出门的朝鲜女子,为拥有物美价廉的国产品牌化妆品而骄傲。"春香"和"银河"等国民品牌,在许多商场设有专柜。

华丽的阳伞也是夏日出行的必需品,一如朝鲜传统服装色彩明艳的风格,朝鲜女子撑的阳伞也是色彩斑斓,装饰闪亮。假若可以随意在这里街拍美女,或许还真能为国际时装舞台提供灵感,刮起一股返璞归真的平壤风。

"那样的话也太磨灭个性了!"

将发型、服饰政治化、符号化,朝鲜再次被西方媒体误读。据英国《每日邮报》报道,朝鲜首都平壤发廊的墙壁上,通常会陈列出十八种女性发型样式,男性则需遵循十种发型模版。报道称,朝鲜方面之所以这样做,是为了"限制西方影响力"。我通过与朝鲜民众的日常接触了解到,朝鲜人的发型、服饰已逐步告别符号化,开始注重个性化与时尚元素,并将民族性与时代结合。

英媒报道说,"从朝鲜妇女发型、可以轻易分辨出她们是否已婚。已婚女子如果选择稍短的头发样式,假如不在后脑勺扎个发髻,便会遭到非议"。我将这样的报道转述给一名正在理发店烫发的朝鲜姑娘。她瞪大眼睛吃惊地说:"这是什么报道啊,那样的话也太磨灭个性了!每个人的脸型、气质不同,怎么可能要求发型统一呢?"

事实上,朝鲜官方并未如网上传言那样发布所谓的男女发型图,这些只是朝鲜理发店内挂出的发型推荐海报,并无"非选其一不可"之说。朝鲜的理发店分为服务外国人和服务朝鲜本国居民两种,这种推荐发型图只在服务本国居民的理发店内展示。同时,朝鲜有对内发行的青年同盟刊物,上面有最流行的衣饰搭配。

一名已婚朝鲜女子对我说,她从去年起将长发剪短,"这样看起来更干练"!她将着类似于小S的短发,额头前为偏分刘海,显然不属于"女子十八式"的范畴。

对于传言的朝鲜男子的头发不能超过五厘米,并需每隔十五天修剪一次,朝鲜也并无此规定。不过,大多数都留着板寸的朝鲜男人说:"朝鲜男人不喜欢头发长,看起来太不爷们儿。"

据了解,理发店近年来最受欢迎的造型就是最高领导人金正恩的"元帅发型":将后脑勺剪得干净清爽,上面的头发打上发蜡,派头立现。不少朝鲜男性表示,"怀着对元帅的崇高敬意而尝试该发型,但需要相当的勇气和魄力,非一般人所能驾驭"。

对外国人穿牛仔裤并不反感

"朝鲜百姓不再是从前印象中的样子,女孩子穿着鲜艳的羽绒服搭配长筒靴,男女朋友亲密地牵着手在大街上散步。"一名来自瑞典的游客对我讲述冬日朝鲜给他留下的直观印象。

朝鲜女性出门时都会略施淡妆，衣着风格可归纳为"简单大方"。朝鲜姑娘认为，穿衣要和自身的形象气质相吻合，如果只片面追求花哨，而不注重内在修养，会被认为很轻浮、没有定性。身着军装制服的女文艺兵对我说："'先军'朝鲜的女人要美得有民族特色，并且与时代流行相结合。女人要美丽，世界才会更美好。"

比起俏丽的女性，朝鲜男人的服饰相对单调。他们依然推崇类似于军装颜色的"将校呢"系列，橄榄黄、银灰蓝，四季衣物仅厚薄不同而已。初来朝鲜，千万别误以为满大街走的都是军人，身着这种橄榄黄色工作服的，只是朝鲜男人较正式的工作服，而军装则颜色更深，料子更厚，且有大檐帽。

平壤街头还有一景，即时常可看到朝鲜百姓头顶重物，或负重行走。双肩包是朝鲜人不论年龄、职业的普遍选择。这种被称为"背囊"的大大的双肩包，背在去集贸市场做生意的大妈肩上，背在去单位上班的青年人肩上，也背在穿职业套装的"白领"女士肩上……

如今朝鲜人的发型、服饰已与政治化、符号化渐行渐远，开始追求个性化与时尚。虽然直到现在，在朝鲜的街头也鲜见有人穿着被视为"资本主义的象征"的牛仔裤，不过朝鲜人对外国人穿牛仔裤并没有反感和抵触情绪，他们认为自己不穿是因为民族差异，并非出于什么"抵制西方影响力"。

朝鲜总被西方误读，是因为隔阂过深。如果同朝鲜人多加交流就会认识到，其实被外界投以奇怪眼光的朝鲜民众，与任何国家的老百姓一样，有自己的喜怒哀乐，关注自己的家庭与衣食住行。

我们以往对朝鲜的"封闭"带有主观的刻板印象，似乎总是把生活方式归于社会制度和意识形态，这是轻率而片面的。我曾经搞过一个测试,问中国朋友,1、女子穿裤子违法;2、全盘封杀电子游戏;3、晚上10点之后禁止冲马桶。这些都是哪些国家的无厘头法规?其中多数人不假思索地说,当然是朝鲜。其实,这里的"标准答案"分别是:1、法国(此法规直到2013年1月31日才废除,长达两百年的历史。尽管现实生活中人们早已穿裤子了);2、希腊;3、瑞士。

五、地铁里的一面之缘

平壤地铁很深,战时可兼做防空洞,是为可能发生的战争而特别设计的。垂直深度约有一百米左右,而电梯长度达到一百五十米。我多次乘坐地铁出行,掐表看时间,从地上到地下,需花费足足三分半钟。

深深的地道里,通风很好,常年恒温在20摄氏度左右,冬暖夏凉。入口处有一个小卖部,卖些钥匙链和小零食。墙上是一张电子地图,两条地铁线路中,想要到哪一站,统一、胜利、光荣、革新、凯旋、黄金平原……按下按钮,就会出现全线亮灯的线路指示。

进站等候列车到来,扇面形玻璃报纸展示栏前,不少人弯腰弓背、聚精会神地读当日的《劳动新闻》,专注地让我恍然以为来到大学图书馆。那么入神不怕误了车吗?系红领巾的小学生,手捧着儿童小说《魔法师》,津津有味地从等车读到上车。

轰隆隆的列车驶入站台,站台上迅速拥满了人群,不推不挤也不礼让,你下我上积极地找座位坐下。人不算少,有坐有站,看到我们几位外国人上车,有人上下打量、仔细扫描,有人目不斜视、全然不关心。车开动,声音隆隆如铁皮火车,听不清广播里的字词,却清楚地感觉得到节奏激昂的旋律。木质门窗,白或黄色的灯管,乘客多安坐闭目。

每节车厢里,都有或站或坐读书看报的人,暗淡的光线不是问题,他们读得入神,一份报纸可以引来邻座的乘客伸长了脖子"蹭"读,手持报纸的同志也乐于与之分享，不动声色地把报纸摆放在中间。还有人捧着大部头的领袖著作潜心钻研。人们如入无人之境般对周边的孩啼声充耳不闻，列车颤颤颠颠丝毫不影响他们的阅读之乐。

地铁之深，手机全然没有信号，断了与外界的一切联系。平壤深深的地铁之底，咔嚓咔嚓、咣咣唧唧的轨道声音之上，耳畔脑际盘旋的是大广播的铿锵话语，将我带回时光隧道……

大学期间，我先后几次参加国际交流活动，到韩国语言研修，首尔地铁站即是便利的购物乐园，从化妆品到小饰品，咖啡蛋糕充值点，一应俱全。在纽约乘地铁时，被带队老师再三嘱咐要当心，千万别被黑人盯上了。伊斯坦布尔地铁里，亚洲小姑娘引来了土耳其帅哥炙热的媚眼，热情好客的土耳其人把我从头到脚打量个够。而拥挤的北上广地铁，乘客在人挤人的被迫肢体亲密中，各自与手机对话、听歌、刷微博，在逃匿中找寻精神独处。

平壤地铁每一站都有镶嵌壁画，成为取代地铁广告的朝鲜特色主题。车停在荣光站，高大的罗马柱，繁复的吊灯在镜头里显得煞是奢华，上来几个高个子男孩，他们一进门就注意到了我，还相互使眼色、耸肩膀地彼此示意。我没有将眼神聚焦在谁身上，放空视线，冲空气微笑。最高个子的一枚小帅哥，不好意思地急忙将脸转过去，招来伙伴们的无言偷笑。大概是高中生吧，好奇心正强的时候，时不时地转过头来瞄上几眼。

快到站时，座席上抱着熟睡孩子的母亲起身，将座位让给了我。旁边的乘客挪动身体，为背小孩的妈妈让路。

车门口一位穿深蓝色警服、戴警帽的姑娘，一直朝我这个方向看，我手里攥着的 iphone 迟迟不敢举起。下了车，看到她向我走来，以为是要求我将照片删掉，谁知她竟然微笑地说，请问你要去哪里？

"跟我走就好了。"警花对我说，身边又迅速多出一个和她近乎双胞胎的女乘警，饱满红润的脸颊朝气洋溢。我们聊起来，知道了两人分别二十二岁和二十三岁，是地铁交警，当然属于军人，已入伍五六年了，明后年就退伍。

当我小心询问可不可以一起拍张合影时，作为军人，她们答应之爽快很令我意外："好啊，没问题。咱们出去就照吧。"就在我们一起走出地铁口的瞬间，群众的目光刷刷地朝我们投来，犹如一张硕大无朋的隐形网笼罩，我们的一举一动都受到关注。

外国人和军人一起拍照，的确罕见，何况并无朝方陪同人员，也不是在什么著名景点。但我们就这么遇上了，聊 high 了，无人看管肆无忌惮地拍起合影来。两姐妹把我拥在中间，分别紧紧握着我的胳膊，有点力道，却又很温柔。一个领导人视察时出现的熟悉镜头，大家就这么架着、搀着"拥卫"在两侧。在光复站牌前合影后，我们互道拜拜。

按照她们指的路走出去大约一百米，两位警花又呼喊着追上来，难不成是让删照片吗？被她们的上级看到与外国人接触后被问了话？有点电影情节反照现实的感觉。其中一位女交警（朝鲜称交警为保安员），气喘吁吁地问我："照片可不可以给我们？"

"什么意思？给你们？"解释了半天，原来她们不是让我删照片，是想要洗出来的照片做纪念。

她们说明天的这个时候在相遇的老地点见面。

我答应两位警花，明天同一时间的同一站见面。

第二天，我带着加急洗出的照片去了，地铁站人潮中却寻不见两个女孩的身影。后悔我们没有互留手机号码，不，即使留了手机号也无法互通的一面之缘诶。

六、友谊酒吧的姐妹

神秘的隐士之国竟也有酒吧。

从东平壤一家涉外加油站左拐进胡同,便进入了外国使馆区,两旁是独门立户的院落小楼,春天桃花盛开落英缤纷,夏阳下爬墙虎葱郁旺盛。这里集聚着各国使馆和国际组织,还有一家外交团餐厅、一间平壤商店,提供新鲜的牛奶面包,洋酒香烟。

友谊酒吧就坐落在使馆区的一片绿光里。这家"友谊"酒吧,用朝语讲是"亲善"。外国朋友见面,通常都喜欢来这家 friendship。

这是平壤屈指可数的涉外会所,五彩夜灯闪烁在两层小楼周身。推门而入,门口一张台球桌,总见到朝鲜服务员同外国客人 PK 球技。较一般餐厅不同,友谊一层的咖啡厅和餐厅总是关着门,隔离出相对独立的空间。右侧咖啡厅里另有吧台,可以点餐品酒,可以慢享茗茶、现磨咖啡。屋内装潢明快,几张油画,几瓶红酒,时不时推门进来几位外国人,大家相互打个招呼,随即安静,融入各自的私语氛围。左侧的餐厅气氛则要热烈许多,家的温馨感觉流转其中。

友谊酒吧的氛围很友善,互不相识的外国人相互之间友善地打招呼,与服务员之间也像朋友似的。每位服务员都同顾客彼此熟识,直接称呼对方的名字,问候近况,自如地在朝语和英语之间转换,还时不时地蹦出几句中文。友谊酒吧没人醉酒闹事,有时客人会邀请服务员一起

上部　平壤的市井声息

跳支三步、四步舞曲，不会要求服务员陪酒。如果服务员实在不愿意一直跳下去，拒绝也没有问题。

一层直走还有舞池、吧台、茶座。在二层的KTV，服务员训练有素，齐耳学生短发，清纯干练，外国朋友随意点唱英文歌也不会难倒她们，从后街男孩到布兰妮，从玛丽亚·凯莉到萨奇拉，一招一式大大不同于传统朝鲜舞的含蓄，节奏动感十足。要问她们是怎么学会这些外国流行歌曲的，她们总是谦虚地说，就是边听边学，唱得不好，脸上会露出一丝羞涩。朝鲜小姑娘大多会唱邓丽君的歌曲，中文流行歌曲《童话》、《小薇》人气很高。

被日本人称作卡拉OK，中国人称作KTV的东东，在朝鲜被称作"画面伴奏音乐"。平壤许多较高档的餐馆都有KTV设施。在平壤的大同江外交团会馆二层的KTV，常常顾客盈门。在不少新装修的餐厅包房，都设有点唱机，可以边吃饭边唱歌，按时间收取包房费用，平均约十美元一小时。朝文、英文、中文、日文甚至更多语种歌曲应有尽有。友谊酒吧也是唯一只要点了酒水就可以随意点歌，不收点歌费的KTV。神奇的是，这里的画面播放着90年代的韩国MTV。但由于"关系紧张"，韩国流行歌曲始终不能在友谊酒吧播放，韩国组合"东方神起"、"少女时代"的歌曲，被视为禁忌。

在这里，我遇上了我的朝鲜姐妹。是的，友谊酒吧的漂亮女服务员，我们一见如故，以姐妹相称。

同眼前这位活泼大方的短发姑娘，简单做了自我介绍后，我俩的话匣子便再也关不上。小雪，比我小一岁，"白羽姐姐"，她大方地直接同我以姐妹相称，不再是"杜白羽同志"，不再是"杜记者"，让我找回了轻松的生活感觉。我们聊闺蜜、死党才会胡闹和玩笑的话题，不再一本正经谨言慎行。

小雪的眼睛好似善良的小鹿眼,眼神清澈。我们一起合唱中文歌和英文歌《Take me to your heart》、《When you believe》,手拉手跳舞,像两个失散多年的姐妹。小雪的模仿能力超级强,跳《Waka Waka》一招一式很有范儿,只是像我一样,不好意思彻底放开跳。友谊酒吧的氛围无论多轻松,我也始终无法彻底释放,大约是一人在外要处处留心的习惯造成的吧。

跟着小雪,我学会了深情的朝鲜歌曲《美丽的平壤之夜》、《我的心你可懂》、《我的幸福,我的爱》以及年轻人爱唱的流行歌曲《别问我是谁》(朝鲜第一夫人李雪主的成名作)、《学习吧》、牡丹峰乐团的新作《火热的愿望》。

姐姐怎么这么年轻就当上了记者呢?是不是我以后可以在电视上常常看到姐姐呢?上次卫星发射的时候死死地盯着电视台,姐姐没出现,好失望啊。我每天都认真学习《劳动新闻》,要做一个像姐姐一样优秀的人……第二次见面的时候,小雪已经开始惦记我,让我好感动。

小雪特别聪明好学,每次见我都会问我一些中文口语。"没能上大学,独自用功在学经济和英语呢。"小雪说。她毫不避讳地同我聊她将来的职业理想,计划先考轻工业大学或商业大学,学习商务,将来从事和教育相关的 business。她觉得国家义务教育使学生普遍没有太多压力,但对于那些父母工作太忙的孩子来说,他们缺少的是良好的家庭教育。

小雪说她就是因为小时候贪玩没大人管而没考上大学,她想将来开创"家庭教育"方面的事业。"和姐姐聊天很长见识!"小雪说。而我又何尝不是呢？她毫不避讳地和我说她的真实想法，是我在朝鲜弥足珍贵的友人。

如果说同小雪是"一见如故"仿佛亲姐妹，那用真希的话说，对她我是"一见钟情"了。真希若生在中国，估计早就被星探发掘去当明星了，脸盘小如 Angelababy 杨颖，眉眼是那么精致，最美的是她笑起来的酒窝和洁白整齐的牙齿。真希最让人爱怜的就是被韩国人称作"眼酒窝"的小"眼袋"——在中国人审美标准里可有可无的附属品，却被韩国女孩子封为致命可爱的法宝。

我指着她如清泉般澄澈的双眸下的"眼酒窝"，问她这叫什么。她不好意思地表示不知所云，叹出一句："诶，天生就有诶。泪囊？"她问我。我笑了，这个朝语长达五个字的发音，直译即"眼泪收集袋"。我告诉她们韩国姑娘对此（眼酒窝）的爱称。她笑了："原来还有这种说法哈！"

真希也比我小一岁，此前在贸易公司做文秘。她说很高兴换了工作来到这里，"氛围很轻松，还可以认识不同国家的人，提高英语。"真希知道我对她"一见钟情"，常常和小雪比吃醋，我每次去都要均衡照顾好她俩的感情，在一层舞厅和二层 KTV 之间均匀分配时间。哪次和小雪在一层聊久了，临走前总会遭到真希醋意浓浓的埋怨："姐姐你都不理睬我，好伤心啊。"

就是这样两位大美女，对照相却有着莫名的畏惧。我提出想同她们一起合影，竟然遭到"按照规定不允许"的无情拒绝。开始她们还冠冕堂皇地说不能违规，后来我渐渐明白了其实是她们羞涩"不好意思"。

"姐姐穿得这么漂亮，我们却穿着工作服。好没面子啊！"真希终于道破真相。和韩国女孩子一样，她们总爱将"好丢脸啊"挂在嘴边。相当于中国人常说的"不好意思",而他们用的词程度更重一些,足见朝鲜民族爱美、爱面子的秉性。

"天然美女不需刻意装束打扮的,就这样清水芙蓉多好。"我说。

"长得难看,哪里好意思拍照啊。姐姐,不要生气嘛。"小雪闪着她那善良的小鹿眼睛,做着小牛生气发火的样子,手指竖在头顶,一弯一曲地告诉我。我佯装生气,小雪哎哟说:"怒火怎么能灭掉?这样吧,我下周从家里带相机来,我们悄悄照吧。"我和小雪拉钩盖章,盖章前她还将拇指呼呼地吹那么两下,然后,示意要好好保管在口袋里。

月香姐姐比我大三岁,我直接喊她姐姐,她也像姐姐一样"要求"我:"要经常来哦!"月香笑起来眼睛眯成一条缝,我说她像一部韩国电视剧的女主角。她不好意思地说:"哪里有我这么丑的女主角。"我说:"是真的,脸小多上镜啊。"她反倒夸起我来:"在我们国家,演员都是找脸盘圆润的。像妹妹这样圆润才叫有福气,才能当演员呢。"

曾几何时,中国的女演员也都是以大气的圆脸或鹅蛋脸为美,三四十年代的胡蝶、王人美、黎莉莉、宣景琳,后来的白杨、秦怡不说,众所周知的巩俐、张曼玉、邓丽君,没有一个是小脸尖下巴的。朝鲜至今仍保持着喜欢大气圆脸的审美。月香告诉我:"妹妹,你如果把自己打扮成我们的样子,一定会有男孩子来主动搭讪的,比如:'请问现在几点了'、'我可以和你一起走一段吗'、'我可以给你打电话吗'等等。"

"那要是从前没手机,怎么办?""打家里的固定电话呀。""如果父母接着怎么办?""那当然是马上挂掉的了。"哈哈哈,好不纯情。

当然,朝鲜姑娘也会对中国男人产生好奇:"中国男人怎么样?""相比较,没那么大男子主义,中国女性地位挺高的。尤其是南方男人,更体贴。"听我这么一说,月香流露出羡慕的神情。

我问月香喜欢怎样的男子。她说:"希望找个性格活泼点的,之前相亲介绍的都太一本正经了。"月香对男子的三大标准是:要帅、要会办事(有能力和责任感)、要能赚钱。这和我们现在"高富帅"的标准,没多大差别嘛。

七、谈一场朝鲜式纯情恋爱

初来朝鲜时是有这么点小野心的——等回国后拍一部名叫《平壤爱情故事》的电影，以爱情故事展现朝鲜社会的生活点滴，算一种对革命年代同志情意的穿越式回顾、对自己两年青春的交代。

在这片祥和宁静的土地上，纯情的爱情悄悄发生着。一个爱情边缘的游荡者——我站在圈外，冷静旁观。

傍晚的 4·25 文化广场，夕阳西下，喷水池前，朝鲜男青年在等女朋友的出现，不忙着打电话，不频繁地看手机，更没有微博可刷屏消磨时间，就那么简单地虔诚地等待着。当女朋友悄然出现在身后，两人四目相视，手拉手坐下，开始纯情的革命式恋爱：脸，不是望向对方，而是望向被灯光照射熠熠发光的领袖画像。憧憬的眼神，美好的向往，仿佛领袖见证了他们的相遇、相知……

秀丽的牡丹峰山坡草地上，光着膀子躺在草地上的男子身旁，妆容俏丽的女子，静默融融地，就那么安静地躺着或坐着，只要你在身边就好的满足，让人一见即萌生岁月如此静好，任指缝流年，我心不变的淡定。

朝鲜女人撑起的是朝鲜半边天，在家贤淑孝顺，吃苦耐劳；在外温柔婉约，含蓄芬芳，朝鲜姑娘是超适宜娶回家做老婆的。曾有位中国男性朋友对我哭诉他的遭遇，他问朝鲜男人："在家谁做早饭？"朝鲜男人万分诧异地表示对这个问题"不能理解":"肯定是老婆做啊,还能谁做?"这位朋友低头无语,他羡慕朝鲜男人绝不干家务。

即使如此,我还是遇到了年轻一代朝鲜男孩子的"甜言蜜语"。出去采访时,总能遇见他。个子很高,喜欢穿一件休闲版的银色西装,在人群中十分抢眼,他每次都很礼貌地同我打招呼。一次在万寿台议事堂等候采访时,我们聊起来,闲着也是闲着,我邀请他一起合张影,他"腾"地从沙发上起身,礼貌地让我坐下:"女士优先,请坐请坐。"我被他拉到沙发上,而他自己则移坐到一旁的长椅上。我说他:"干吗这么客气?"他回敬一句道:"在朝鲜女性第一。"我反问:"朝鲜也有女士优先这一说吗?""当然了,无论何时何地,女士优先,女性第一。"

那张照片,我们笑得都很开心,只是如何把照片给他成了难题。总不能天天放在包里背着吧,十天半个月遇不到一次。好久之后,一次采访偶遇,我哪有先知会随身携带,他追在我身后讨要照片,还作生气状地开玩笑说我是"小骗子"。

另一位朝鲜青年,我们在"太阳节"的系列活动中一天见好几面,每次他都很谦虚地开玩笑说:"我长得不帅,不好意思和美女合影。"让我叫他"允浩欧巴(哥哥)"。大约还是禁不住"此时一别何时再见"的感伤。活动临近结束,他主动找我拍照。可惜,合影照片他也没有拿到。

一次欣赏音乐会,邻座的朝鲜小伙子和我聊起来。他三十岁了还没有谈过恋爱。"当年读书的时候太用功了,有喜欢的女孩子却没有表白。现在等着让人介绍吧。"他表现得一点不着急。他说问题在于现在连相亲的时间都没有,周一到周六,从早晨7点工作到晚上10点,周日有时还要加班。

"青年肩上的任务太重了。"他指指靠近我这一侧的肩膀,耸耸肩。

是我想多了?看了太多韩剧、美剧,对男女肢体动作的理解产生了固定模式?如果不是他那句话的内容,还以为是他让我靠在他的肩头呢。"我们身兼重担,不能掉以轻心啊。"他目视前方,活生生一个朝鲜80后好青年的形象。

每逢大型集会,身着笔挺挺深蓝西装,系着红色领带,胸前佩戴着领袖像章的青年才俊们,一排排朝你走来,脑海中只会反反复复地出现毛爷爷的那句词:"恰同学少年"。他们将风华正茂,将热血豪情,投入到祖国建设需要的战斗场上,交付给无悔的军营,满腔"誓死拥卫"领袖,随时为国奉献一切的凛然正气。

据金亨稷师范大学的中国汉办老师说,朝鲜的大学生不允许谈恋爱,如果被发现是要被处罚的。但也有朝鲜朋友说,没有明文规定不允许大学里谈恋爱,只是"不提倡、不鼓励"。听中国留学生说,她们同寝室的姐姐会时常神神秘秘地接电话,跑到角落里一聊就好长时间。终于有一次,她的男友浮出水面了,在学校附近的一家餐厅里,看到他们两个在一起吃烤肉。

大学校园里很少见到并肩行走的男生女生,倒是有不少并肩同行的男男,或女女,男生非常纯洁地"勾肩搭背",不去避讳哥儿俩好的铁哥们儿关系。"同志爱"是朝鲜人经常说的一个词,就是同志之间的友情,如今却被一些人以词害意浮想联翩。

我曾经在一篇杂志约稿中,对朝鲜男女青年的恋爱、交友状态做了描述。尽管编辑已经对"同志爱"加了引号,即同志之间的友情,但仍有不少网友留言跟帖说,"朝鲜好开放啊","就是冲着'同志爱'这个标题来的"。原来,有些网站的编辑为了赚取点击量,不惜大搞标题党："男男勾肩搭背，常说'同志爱'"，以这样的标题来博取关注。

可见，外界对朝鲜的好奇往往带着猎奇和习惯性曲解，而我想要做的，只是将朝鲜的事实客观记录下来，或许多年以后，这些几乎当下的"绝无仅有"也会成为遥远的曾经。

朝鲜姑娘缘何"不屑"外嫁

在朝鲜常驻久了，有不少机会遇到朝鲜熟人，彼此开玩笑、聊家常，还会不时被问到婚否的话题，朝鲜人如今尺度渐大，不是扬言"给你介绍个朝鲜男朋友吧！"就是慷慨盛邀"嫁过来吧"。一向以"不与外国人通婚"闻名的朝鲜朋友，倒也不把我当外人。

我笑笑，摇头说："支持国产。"他们立即流露出赞赏的目光，潜台词是：这才地道！朝鲜人思想意识中浓重的尊崇纯洁民族性情结，令他们觉得与外国人通婚是"玷污"民族血统的不当之举。

朝鲜女子不乐意"外嫁"，不是愿不愿意嫁近邻中国人的问题，而是任何外国人都不是她们的菜。这当然与开放程度有关，也根深蒂固于朝鲜全面强化"主体性"及"民族性"的体制中。问朝鲜人是否政府有明文规定说不许与外国人通婚。他们的回答是："不是不允许，只是需要领导人特批。"

比起2012年我刚来的时候，尽管如今平壤街头牵手拉腕的情侣已越来越多，却极少有给女朋友拎包的朝鲜男人。走在街上，时不时会见到年轻妈妈不仅背着孩子，还往往手提重物，年轻力壮的爸爸却甩手阔步在前走。朝鲜女子的吃苦耐劳可见一斑。

当然，朝鲜男人也与国际接轨常爱说"Lady first"，在家务活之外表现出冲在前、有担当的纯爷们做派。在先军朝鲜，"以一当百"战斗精神的熏陶下，朝鲜可谓盛产硬汉。

　　朝鲜社会的大男子主义，这一朝鲜族的民族本色保留完好。作为全世界唯一的单一民族国家，朝鲜认为韩国人大量使用外来语破坏了民族语言的纯洁性，同理，对通婚外嫁，朝鲜姑娘的反应不是羡慕，而是叹惋失望——"诶，听说南朝鲜（韩国）姑娘嫁给外国人的不少诶"。此般固守，对正在拥抱全球化转型的韩国社会，已是明日黄花。

八、走进牡丹峰名媛的摇篮

金正恩2012年亲自组建了牡丹峰乐团,他对乐团首场示范演出称赞道:"演出将时代气息跃然活现,内容和形式都达到新境界。"黑色超短裙、抹胸露背,桃红唇、彩媚眼,含情一首《吉卜赛之歌》,白衣飘飘、帅气十足地玩架子鼓、电吉他,迥异于多年来一贯端庄而严肃的主旋律,大开眼界的朝鲜人称道说:"很帅、很有范儿!"喜悦之情溢于言表。

"上了年纪的人感觉还不那么强烈,可在年轻人当中,却大受欢迎"、"领袖说好的东西,我们当然拥护说好。"牡丹峰乐团年轻艺术家时尚清新的衣饰、妆容,为朝鲜传统国家乐团带来强烈的时代感,堪称金正恩时代的音乐序曲。

如今,在朝鲜的公共场所,凡有电视和大屏幕的地方,必在播出牡丹峰乐团的演出。朝鲜人对这些音乐名媛的名字和特长,热议纷纷,指着电视说谁是自己的最爱。

听说记者曾多次受邀到现场观看牡丹峰乐团的演出,朝鲜百姓十分羡慕。10月10日朝鲜劳动党建党纪念演出,观众拿到了彩印的节目单,上印乐队成员简介,提琴手、鼓手、贝斯手、键盘手、萨克斯手,乐队队长鲜于香姬、乐队成员洪秀京、刘恩情、车英美、李尹姬等十一人,以及歌手金雪美、柳真雅、朴善香等七人。

朝鲜的音乐会是一个净化灵魂、带给人以纯粹音乐世界的所在，听牡丹峰乐团音乐会，总有这种感触。"先军时代"朝鲜的每一寸肌肤，每一分渴望，都是热情歌颂领袖，强调军民一心保卫祖国、奉献青春。

"她们都是精挑细选出来的，个个美若天仙，实力不凡。"餐厅里，朝鲜百姓边看演出录像边议论。演员中年龄最小的柳真雅，成为首位获得"人民艺术家"称号的牡丹峰乐团歌手，"成就和贡献不在年纪大小，她的确唱得最好！"

牡丹峰音乐团的音乐名媛，大多毕业于平壤金元均音乐大学。它在朝鲜闻名遐迩，被誉为朝鲜艺术家的摇篮。金元均音乐大学与绫罗岛上的五一体育场隔江而望，我带着猎奇的心态走进这座音乐百花园。

据介绍，从音乐大学走出的学生，许多在国际比赛上得金奖后获得"英才"和"功勋艺术家"的称号，成为朝鲜国家音乐的主力军。其中，有的学生会加入朝鲜著名音乐团，如牡丹峰乐团、银河交响乐团、万寿台艺术团、国立交响乐团 (按新成立时间排序) 等，有的甚至会荣幸地获得艺术团青睐，在校期间"受托委培"，按照某歌剧主人公的声音条件和形象特点，量身打造培养。

在朝鲜，以人名命名的大学并不多，除了最著名的金日成综合大学外，还有以金日成父亲名字命名的金亨稷师范大学和以朝鲜开国元勋金策名字命名的金策工业大学等。音乐大学于2006年重建时改名为平壤金元均音乐大学，以创作《金日成将军之歌》、朝鲜国歌《爱国歌》的著名作曲家金元均的名字命名，可见金元均作为音乐家在朝鲜人民心目中的地位。

来到外国歌剧课堂，学生们认真地在笔记本上记录下意大利语发音，跟随电脑原声高歌，十分投入。女生身着统一校服，白衬衫、藏蓝一步裙，略施淡妆更显气质夺人。男生们是白衬衫搭配红领带，神情坚毅、挺拔俊朗，透出不逊于军人的英武豪迈。

音乐大学拥有音乐的圣洁与单纯的艺术之美。眼前这位陶醉在跳动飞扬音符中、与钢琴融为一体的少女，气场超过她的实际年龄。少女微闭双眼，丝毫没有被我们的到来打扰，全身舒展，双手弹跳于黑白琴键之上。弹指滑落间，听得出她是在同肖邦的《钢琴协奏曲》对话。

她的老师介绍说，这位名叫朴美英的学生，小小年纪就展露出了非同寻常的才华：美英在2012年5月第20届国际青少年肖邦钢琴大赛中获得特等奖，是迄今为止唯一获得该奖 [第四小组（17—18岁）比赛] 的亚洲人。一曲结束，朴美英眉眼间回归了十八岁少女的羞涩，恍然回到现实中的她，仿佛还沉浸在与音乐大师对话的余味中。

老师"告密"说，美英特别喜欢郎朗！"现在的孩子们啊，对郎朗可是着了迷。"朴美英腼腆地说，郎朗的演奏活泼灵性，但现在李云迪才是她的最爱。她说："李云迪的演奏中饱含着他自己对音乐的理解，充满了浓郁的中国味和肖邦味，有深度、有内涵。"

老师称美英天赋骄人，双手的先天条件非常好，领悟力超群。我问："所有天才汇聚一起比什么？什么更重要，是努力吗？"老师说："是系统科学的教育，金正日将军说：'教育事业是培养人才的重要事业。'我们会让任何一名有天赋的孩子得到最优秀的教育。"

如同每个人的音色不同一样，艺术熏陶下的个性化培养打破了大街上的"千人一面"。我久思不得其解的一道"难题"，在"牡丹"花的摇篮里似乎有了答案：平日里平壤街头惊艳出现、"天降仙女"级的气质美女，大概都是从这座艺术百花园走出去的吧。

"生活再困难，也要有歌声鼓舞人心"

跟随学校外事办的文英杰老师来到教学主楼的"校史沿革馆"，一面面展示墙壁上，铺陈着这座艺术名校的成长和变迁：1949 年 3 月 1 日朝鲜内阁决定创立平壤音乐大学，甚至在朝鲜战争期间也不曾间断筹备工作。金正日将军说："伟大领袖金日成在艰难时期大力组建而成的音乐大学，在朝鲜历史上史无前例，为国家音乐教育打下了坚实基础。"

朝鲜民族历来重视教育和艺术，作为这两者结合的高等教育基地平壤音乐大学，备受几代领导人的关爱和重视。金日成和金正日曾分别两次、三次视察音乐大学，并赠送钢琴、电脑等各种乐器和先进教学设备。

朝鲜领导人究竟为何如此重视音乐教育？"生活再困难，也要以音乐和歌声来鼓舞人心。我们的革命开始于歌声，也将在歌声中前进。"文英杰老师讲话如唱歌般富有战斗激情，正应了朝鲜的那句现代名言：道路再艰险也要笑着走。"音乐政治把革命和艺术、政治和音乐融为一体，将有力推动强盛大国建设。"这是朝鲜号召民众投身于强盛大国的政治手段，通过音乐政治调动人民热情。

来到礼堂，约好了要见一位创作型教授。正在彩排节目的礼堂装潢精致，有四百张座席的礼堂内只见学生不见老师。一位风度翩翩的中年男子迎面而来，满脸笑容。他就是歌剧《红楼梦》的主编曲尹锡冠（音译）教授。

尹教授醒目的"金正恩元帅"发型，打着发蜡，神采奕奕，体型颇有高音演唱家范儿，臂弯处夹着一个皮包，看上去比实际的四十六岁年轻许多，见到我亲切握手。

"您的发型是为向金正恩同志看齐而理的吧？"

"啊哈，哪里哪里。我一直是这个发型哈。"尹教授爆发出爽朗的笑声。

交谈中，尹锡冠满怀深情地讲述了他如何从黄海南道的农民家庭，一步步经过里、郡、市、道的层层比赛，崭露头角，获得党和国家培养。在以优异成绩向领袖汇报演出时，得到金正日将军亲自指点。

"毕业后在领袖的特殊恩惠下，我边在学校当教授，边去乐团搞创作。将军说，教学和创作同样重要，这样应该相得益彰，互汲灵感。"尹教授谈起他和金正日将军的"私交"，滔滔不绝，他对将军的每一次具体的指点都记得分外清楚。"将军给了我许多照顾，安排我去意大利留学，请专门的老师教我意大利语。在将军的亲自指点下，我担当了《红楼梦》、《梁祝》等歌剧的编曲。"

只有过一次在中国短暂逗留的尹教授表示，是将军对作品臻于完美的要求，让他不断地探索既能准确表达中国传统韵味、又彰显朝鲜特色的创新途径。"我们加入了中国二胡的元素，以及表达凄婉缠绵爱情的小提琴协奏"。尹教授的下一步计划是将中国《白毛女》歌剧搬上舞台，他说："这当然离不开中国朋友的意见和指点了。"

文英杰老师和我开玩笑道："像我这样没有音乐天赋的人，却荣幸有机会和友好国家的记者打交道，让你们这些天才老师都教学生去吧！"文老师果然受熏染于艺术大学，一派"浪漫"作风，在场众人无不开怀大笑。

九、友谊塔下的约定

一场发生在平壤的"邂逅"。

2012年7月的一天,晚饭后,陪前来探亲的父母出门散步。我们登上使馆附近的中朝友谊塔,青松翠柏林中,有练习跆拳道的小伙子,路灯下背书的女孩,还有戴着草帽、蹲坐在半山腰上喝啤酒的汉子。

我和爸爸妈妈正聊天散步,见妈妈朝两个小男孩微笑地打起招呼,扭头对我说:"瞧,这两个小学生刚给我敬礼了呢。"妈妈指着从台阶上走下来的两个小男孩。俩人都胸前戴着红领巾,一蹦一跳地,见了我们停下脚、弯腰敬礼。一个大眼睛双眼皮小男孩看起来特别机灵,另外一个高个子看起来很是内秀。我开始同他们问好聊天。

瘦瘦机灵的小男孩姓崔,稍高点内秀的男孩姓金,他们很大方地同我们聊天。妈妈作为老师,对学生自然是特别喜爱,妈妈让我当翻译,告诉他们自己是老师,很高兴认识两位朝鲜学生。

时间已近8点半,男孩子刚从金日成广场义务劳动放学回来。我问他们饿不饿。小男孩摇摇头,说:"没事,不饿,习惯了。""那,回家晚饭吃什么呀?""妈妈做我喜欢吃的。""那不是回家还要等一阵子吗?""不会的,妈妈知道我喜欢吃什么。""那你喜欢吃什么呀?"小孩子说了一个我没有听说过的菜名。

从身边经过的朝鲜人回头打量着我们,单独和外国人对话的小男孩却没有太多戒备。爸爸提醒我时间差不多了，我心领神会，和他们说拜拜，"赶快回家吃饭吧。"

两个男孩礼貌地鞠躬道别，手牵手过马路去。

意外地，怎料他们又穿过马路折回，走上前来对我说："请问你们明晚还来吗？"

"我们会来散步的。"

"那我们明晚还在这里见面好吗？"崔同学一双清澈的大眼睛看着我说。我们约好明晚8点在这里见面。

两个小男孩蹦蹦跳跳地牵着手再次穿过马路去。

"朝鲜学生真大方，懂礼貌。真没想到还会折回来和我们约时间再见！"妈妈感慨地说。爸爸在一边故意酸溜溜地说："早知道阿姨和姐姐这么喜欢懂礼的小男孩，我小时候也会这样大方的。"

第二次赴约前，我和爸妈对将要聊什么内容做了讨论，觉得还是以妈妈作为老师的身份与学生对话，聊些学校话题最合适，我只做翻译，避免造成有记者介入的误会。

第二天，我们提前十分钟出去散步，快到友谊塔时，妈妈远远就望见两个小男孩蹲坐在台阶上朝我们招手。

"不好意思啊，你们等多久了？"

"没多久，我们7点半到的。"原来两个小男孩已经在此等了半个小时。

崔同学没穿校服，也没戴红领巾。妈妈问怎么回事，他小声说，今天生病下午没去上课，到医院打针了。妈妈心疼地关心孩子的身体。"没事的，已经打了针，吃了药。"两个小男孩已经是中学二年级的学生了，十二岁，在附近中学读书。崔同学说爸爸是军人。金同学说爸爸是医生。

"那崔同学看病可以找金同学的爸爸了哈。"我开玩笑说。"不用的,我们都是免费的。"崔同学给我解释着。

朝鲜百姓骄傲他们享有教育、医疗、住房三大社会主义福利,免费医疗,十二年制义务教育和国家提供住房,尽管整体水平不高,却平均平等。

妈妈问:"你们对中国了解吗?知道关于中国的什么?"

"我们知道万里长城,中国的电影,喜欢成龙、甄子丹。"崔同学列举了一连串在朝鲜电视台每周六晚上播出的中国电影。

他们从初一开始学习学写汉字,从初三开始开设中文课,最喜欢的课程有电脑课、英语课。电脑课上学习电脑操作和应用。

"电脑能上网吗?"

"不能,不过我知道网络可以聊天。对吗?"

"如果你能上网的话,我们以后就可以网上联系了。"我说。

小男孩睁大了眼睛,很向往地看着我。

我担心他们肚子饿,将包里的牛肉干和奥利奥拿给他们。小男孩推说不饿不饿,好不容易才塞给他们,说是中国产的点心。他们才连连道谢,点头收下。

友谊塔下的聊天很开心,半小时不知不觉过去,我们不舍地说再见。

"明天见!就这样,一直,继续。"金同学转回头,朝我摆手说。

"一直,继续……"妈妈回味地说。

回到家,爸爸开始策划我们的第三次"约会"。而这一次,他已经做了见最后一面的打算。我们还有别的事情要做,不可能这样"一直,继续"地约会下去,我们精心准备了一些小礼物,希望在见最后一面时送给他们留做纪念。

　　第三天，对两个小朋友来讲是兴奋的。他们欢蹦乱跳地朝我们跑来。我问："今天有什么大事情吗？"话音刚落，他们异口同声地回答说："是啊，今天是伟大的金正恩同志被推选为元帅的大庆节日。"他们说，中午学校统一组织收听广播，在第一时间就得知了这令人振奋的消息。"我们齐声高喊着万岁，万岁，激动得眼泪都流出来了。"崔同学说得声情并茂，眼睛里闪着光。

　　妈妈拿出写好了赠言的笔记本："这笔记本是送给你们的临别纪念。我们下个月还会再来，你们可以写上我们分别期间的生活，想告诉我的话，等一个月后再见面时给我，我会带到中国，给我的学生看，让他们了解你们的生活。我们的学生对抗美援朝的故事了解很多。我也转达他们对你们的问候。好吗？"妈妈以老师的口吻，给她的两个朝鲜学生布置起"作业"来。

　　小男孩一脸不舍地，接受了我们事先安排好的分别，收下临别礼物时，内秀不爱说话的金同学眼神里写满了遗憾。小男孩礼尚往来的意识很浓，再三说："我们不知道分别，没有准备礼物给你们。怎么办？"

　　"没关系，咱们约好，一个月以后再见！"

　　"8月15或16日，晚上7点半，在这见面！"小男孩又重复一遍。

　　可是生活总是有变数的，因家中有事，爸妈提前回国，而我又因公务15日无法赴约，将全部期待押在16日晚。

　　傍晚的天空火烧云漫天，友谊塔下，台阶上的我，穿着初见那天的衣服，左等右等，盯着马路口望眼欲穿。

　　练习跆拳道的小伙，路灯下背书的女孩，坐在山坡上私语的情侣……那个比平常喧嚣的十字路口，每一个"红领巾"的出现，都会惹得我睁大眼睛急切地辨认，不是，都不是……难道他们忘了吗？还是因为昨天等得太久，今天伤心不来了吗？

不会啊，我们说好了15或16日中的一天一定要见面的。正是因为担心变数难测，才多说了两天的见面时限。我心里琢磨着，昨天，8月15是朝鲜的"光复日"，日本二战末签署投降书的日子，朝鲜群众也没有全民组织活动啊。而今天的"过节放假"气氛却让人摸不着头绪。

上午去光复百货兑换朝币就不开门，平壤市区街头，有身着传统民族服装的妇女，有戴着红领巾集体前进的大部队，人们手持正红、玫紫色花束，按照各自的路程，早早地来到指定地点，坐下待备。莫名的"节日"到了傍晚6点，以轰隆隆的军乐揭晓，全城百姓夹道相迎的，是征战伦敦凯旋的奥运英雄。

小男孩们是被组织到其他街道去参加活动了吗？会不会正赶往这里的路上？

我等到约9点，黯然离开。我们在友谊塔下的约定，不知来年能否兑现，期待重逢的一天，那时，两个男孩子已将日记本写满，告诉我他们的成长……

十、放生大同江

大同江，穿过平壤市区，日夜涌流，默默地诉说着朝鲜历史的辉煌和沧桑……

我时常在江堤漫步，独享江风宁静。看仓田街海市蜃楼般的绚烂光影，听绫罗公园里笑语欢声。

8月的一天，我将"同同"在此放生。江岸上，牵手而坐的朝鲜恋人，看着我们所行的善事，报以安静的微笑。大同江上空，一朵黛紫色的云，犹如刚才用力奔跑的"同同"，一溜烟爬上天空朝我打招呼呢。

自由市场里的"准则"

在平壤，外国人可以自由进出购物的集贸市场有那么几家，如位于使馆附近的大成市场、以高性价比海鲜广受欢迎的乐园市场等。面积有一个足球场大小的统一市场是平壤最大的集贸市场，曾有朝鲜人自豪地问中国顾客："你见过这么大的市场吗？这可是亚洲最大的(市场)。"逛一趟菜市场，可以窥见朝鲜百姓的日常生活。

爸爸妈妈暑假来朝探亲休假，我带他们坐地铁、乘公交，进朝鲜餐馆，体验市井民生。

爸爸提议到朝鲜最大的市场看看。我们驱车前往统一大街，门口整齐停放着一排排外国车。熟人相见，会彼此摇开车窗打招呼——这是每逢周末集体大采购的地方。

还未到5点开门时间，蹲在门口的营业员们，边手拿扇子扇风，边用脚护着新鲜的水果篮、包裹好的肉蛋，等待入场。门开了，先是售货员纷纷涌进，出溜来到自己固定的摊位前，从储藏柜里拿出货物：整只卤鸭熏鹅，待破冰开化的海鲜，朝鲜特色的虾酱、泡菜，各种叫也叫不上名字的海产品。

"姑娘，新鲜海鱼看看吧"的招揽声不绝于耳，却一直找不见传说中的美味——野生甲鱼的身影。打算向售货员问询，却总也想不起"甲鱼"的朝文怎么说，也搞不清楚他们叽喳反问的那些单词里有没有"甲鱼"这个生僻词。"不是螃蟹，不是的。"我笨拙地比画了一个伸头的动作，对方终于明白，原来是"擦啦(甲鱼)"呀。几位相互帮忙照看摊位的"阿朱妈"中，一位迅速掏出手机，一边讲电话："快快，拿几只擦啦来！"一边跟我报价："要几个？大个儿的15万朝币，小个儿的10万。你们先逛着，十分钟以后就到。"

在摩肩接踵的人海中，我陪爸爸逛这个兼备集贸市场与百货商店于一体的综合市场，两层楼高的密集空间内，各类小家电、家饰、日用商品、服装等均有销售。

可以说，只要带够了朝币，几乎所有的东西都可以置办齐全。卖家人手一只计算器，不会朝语也没关系，买卖都可用计算器谈价。这样高密度的环境下，朝鲜人或是外国人还是可以一眼辨别的，人群中我就轻易瞥见了几位大使馆的朋友。

再次回到摊位前，第一家左等右等不来，几个摊位之隔的另一位大妈招呼我过去，走上前来递过一只大布袋，大大小小的甲鱼一一探出头,活腾腾地扭着。身上随身带的朝币不够,又正好是两家抢生意,我开始公然地还价,最终以20万朝币两只大甲鱼成交。

"我朝币不够,要去拿美元换朝币呢。"一听说换钱,这位以"快"抢来生意的大妈,迅速伸手敏捷地拎起甲鱼,兴冲冲地赶在前面,我一路紧追,随她来到市场大门口二层的外汇兑换处。

"就在楼上了。"她停下脚步,让我上楼兑换。

我心里十分没底,早听说过好像不给外国人换朝币的事,果不其然,兑换处里面的朝鲜营业员透过小小的窗口,递给我一眼色,明确传达出"外国人不换"的信息。无论我再怎样好声相求,对方都再不理会。无奈之下,我只好下楼去搬救兵。

"不行呢,不给外国人换钱,怎么办?"听罢,正要将甲鱼袋递到我手中的阿朱妈将手缩了回去,毅然摆摆手,脸上一抹醒悟似的愁云闪过。

"收我的美元不行吗?"

"不行,坚决不行。"她说完,当下转身,头也不回地消失掉了,背影里找不到遗憾,或是沮丧。

美元、朝币不一样都是钱吗?还没等我把话说完,她就那样不带商量地离开了。我想告诉她,其实可以拜托一名朝鲜顾客帮忙换钱的,再给他几千元零钱的报酬就是,这样你好我好,大家好,想点小办法,又不违章犯法。

她当初想要卖出几只甲鱼的热切之心,在美元面前瞬间变成了纪律控的"铁石心肠"。

我和爸爸遗憾地再次折回海鲜摊点,第一家的大妈看见我们沮丧地空手返回,开始新一轮地热情推介,边让我看她家新送来的货,边试探地和我议价。"等我借来钱啊。"我在人群中找到几位中国朋友,将剩余的差额补齐,最终以 19 万的价格将两只擦啦得意入囊。

原来是甲鱼妈妈

爸爸亲自下厨烧制的红烧野生甲鱼,味道鲜美,裙边丰厚,蛋白胶质油而不腻,特别是一串串金黄色的小甲鱼蛋尤其香嫩,散发出一种不含任何添加剂的香。嗨,甲鱼果然大补,热性超大,晚饭过后我们三人纷纷嚷口渴,不停地抱着水杯喝水解"热"。如此热性,剩下的一只看来还是先养起来的好,留到下周末再开荤。

侥幸逃脱厄运的另一只,仿佛预感到"死期"在步步临近,老实巴交地纹丝不动。我将它放在盆里,担心太浅,倒扣一只盆在上做盖。它白天里毫无动静地装死,让人怀疑是否已憋死了,可到了晚上便开始不断地尝试向上爬,爪子在光滑的塑料盆里越挫越勇,闹腾得将我从睡梦中吵醒。我起床,将盆端起放进浴缸,再压上厚厚几本杂志。

它不吃不喝不见光地被关了五天后,我拿馍片和虾肉给它吃,还做好了小心翼翼怕被"饿死龟"咬手的提防,谁知它不食人间烟火,对吃食毫无兴趣。原本大大的龟壳也急剧消瘦下去,龟裙整个缩小了一圈。给它换水,天呐!我惊呆了,无法相信眼前看到的——她竟生蛋了!

这是一只甲鱼妈妈,她身下卧了十只嫩黄色的甲鱼蛋!我朝爸妈呼喊着生命的奇迹,大自然难以置信的生命力啊!眼看着甲鱼妈妈生的十只蛋,我不禁好奇她的肚里又还有多少呢。前面吃掉的那只,肚里就有比葡萄串还多的小蛋。

我们顿生慈悲,经过一番合计,决定把她放掉,这样一来,肚里如串的小蛋明年就会变成一只只小甲鱼了。

"她已经不是一只普通的甲鱼了,她是甲鱼妈妈!那天你也看到她生蛋了,她肚子里一定还有很多呢。绝不可能再吃她了。生命总让人生起悲悯。"

周末前往妙香山,哪知爸爸悄悄将甲鱼妈妈带上了车。"看看,你都同我们一起远行来到妙香山了!"我萌生出一种感动,给她起名"妙小香"。

"妙小香"变身"同同"

妙香山虽美如仙境,但往来游客之多,也让我们心存不安。恐怕前脚放生,后脚遭捕。驱车到山脚,按计划我们要先去趟国际友谊展览馆采访。我们的朝鲜陪同银星先去香山宾馆订中餐,爸爸下车,把袋子交给她,嘱咐她说,如果山下有合适放生的地方,就把她给放了吧。

登山的路途,变成了为妙小香找家的寻寻觅觅。哪里有适合她安家的水域呢?瀑布飞流纵然壮丽,可惜水至清则无鱼,清澈的妙香山看起来连鱼虾都没有,担心妙小香找不到吃食而饿死。犹豫再三,还是没下得狠心将她放归山间。

银星这才知道隐情,惊奇地拎着妙小香:"为什么放生呢?"

"是我们在统一市场买的甲鱼,看她生蛋了,不忍心吃。想给她找个有名有分的家。"我认真地告诉银星。

她竟和我开玩笑说:"放心吧,等你回来了餐桌上一定有只甲鱼。"

我伸出去的手当即缩了回来,嚷道:"那可不行!不给你了。"

银星笑我把笑话当真,拍拍我的肩,将妙小香接过拿在手里。"你放心好了，我一定不会动她一下的。等你们采访完毕，一定完璧归赵。"

享受了香山宾馆美味的野生红鱼和山野菜拌饭，我们带妙小香告别仙境，启程前往龙门大窟。

有意思的是，在朝鲜，同"龙门大窟"般类似于中国"龙门石窟"的地名还有不少，如黄海南道的"银川"、"延安"等地。巧就巧在洛阳龙门石窟也恰有座香山隔江而望。

来到寒冷窟穴的入口处，穿上讲解员递来租借的冲锋衣，我们深入到地道。龙门大窟是石灰岩溶洞，由地下水长期对石灰岩的溶解、溶蚀作用形成。石灰岩石笋千姿百态，我们观得到万物洞、观望台、丰收洞、白头山密营洞等几十个景点。

只听得"滴滴答答"的水声，逐渐渐渐沥沥，进而扑扑簌簌，行至溶洞瀑布，仰望从一线光隙中倾泻而下的雨帘，滴滴答答落在井口，深深坠入杳无声息的井底。

"要是把妙小香带来，今后她岂不能修炼千年，要变成龙门神龟了吗？"

我突发奇想，后悔没带小香入洞，这里绝对是无人打扰的神地哈。"再在她的壳上做个记号，哈哈，就永远不会丢了！"

返程路上，话题紧紧围绕妙小香，她被我期待成为潜心修炼、长生不老的千年龙门神龟；被我们臆想成游过鸭绿江，前往中国寻找救命恩人的报恩龟。

归程的晚霞美得惊艳壮阔，棉絮似的云朵漂浮蓝天，西天坠坠而沉的柔和暖光冲出云朵，余晖普照。金色光束投映在蓝悠悠的河面上，金色波纹跳跃，云在水中，天河呼应。

"妙小香，你跟着我们一路游山玩水，晕不晕车啊。"十二个小时路途的颠簸后,晚上 8 点回到平壤,我们顾不上旅途疲惫,商量将妙小香于何处放生。

"还是大同江吧,从哪儿来到哪儿去。"

"那么,妙小香,还是给你改名叫'同同'吧。"

车穿过金绫山洞,如降落伞降落的五一体育场,今晚看起来异常像只八爪章鱼。来到大同江畔的堤岸,同同似乎早已闻到江水之源的味道,一路上老实巴交的等待一下有了力量,开始在袋子里蠢蠢欲动。或许是她听懂了一路上我们对她安放之处的讨论,早做好了回家的准备。

爸爸拿起袋子,轻轻将她缓放在江滩上,她小头伸出来,随即全部身子一纵,哗啦一下四肢拼命刨地跑向江水,"跐溜"一声,跃进泥滩里,头也不回地,毫无眷恋地消失在江水中。

"啊,她多么渴望自由啊!""诶,怎么和电视里演的不一样呢,也不回头留恋一下。"那一刻,一天来的揪心完全释放,就算是一只甲鱼也养出了"感情"的味道,此刻心头一丝不舍。看到她义无反顾地奔向自由江河的那一刻,我想起五月天的《温柔》:爱你,就是给你给你,全部,全部自由。

十一、古道秋黄·玉流夜雨

在平壤,习惯了一个人赏月,阴晴圆缺,三更有梦书当枕,千里怀人月在峰。我的心境敏感于自然界的四时变换。"柳京"古都平壤之春,樱粉梨白、千树万绿将这座花园城市装扮得生机勃勃;盛夏,踏上东海岸滨海城市元山,无污染的蔚蓝海岸,看朝鲜百姓沙滩嬉戏,在松涛园和侍中湖享受天然海浴;秋观雄伟壮丽的金刚山、妙香山的漫山红叶,走走停停,一木一花,穿一件朝鲜学生装彻底回到学生时代的简单,拥抱没有万头攒动的大自然。

一轮晚秋日出,不动声色地正浩然天际。大同江日出,黛紫色天幕,一轮红日扶摇东升,天空层层缕缕地晕染开来橙赤蓝黛。边拍下日出全景的恢宏,边奢望可以在每个周末清晨,来到江边拍日出。日出日落再寻常不过,可真正懂得欣赏这壮美的人又有几多。

风起叶落,光晕水影,开城古道秋黄,白篱外伊人笑。飞檐将天际勾勒出灵巧轮廓,这里有丽江的古韵雅致,而且民俗旅馆商业气稀薄,古屋建得干净利落,宁静如荒村,走在这片厚重文明脚下最后的净土,我不觉担忧起朝鲜日后开放旅游后被消费的情景。内心深处,我奢望它"被喧嚣"的时刻,来得晚些,再晚些……

和闺蜜们去葡萄酒庄园凹造型的果味似乎尚余香在口,如今异国他乡只身一人,回想那次一起拍照的随性疯癫,好想再和姐妹们分享彼此转角邂逅的小浪漫。日后不知又会在怎样场景，回忆起眼前这一幕恍若隔世的平静。岁月静好。

古寺旧石碑、表忠碑牌坊竖起的庭院里，茂密银杏叶洒落在石子白墙外，一地金黄银杏扇，绿草地黄了又枯，青松古树一挺千年。表忠碑对面，仅八米长的袖珍善竹桥，见证了朝鲜从高丽王朝到李氏朝鲜，血雨腥风的改朝换代。喜欢变化，却又膜拜永恒，我在不躲不藏兀自枯荣的庭院古木，觅嗅出亘古不变。

眼前的美景，是名胜，名胜并不总是人头攒动；置身这村落，是古迹，古迹被保护，却不被隔离；脚下寸寸古道，是历史，历史走进寻常百姓家，一切照旧。

竹影摇曳，枫叶红后，银杏黄，梧桐橙，我对四时的敏感，可以影响到每天的微妙心情。在这个慢节奏的国度生活久了，开始重新找到了回归自然的细腻。开始细致地观察日出日落，感受鸟语花香。

一汪净湖，秋叶落山径。享受秋阳下的烧烤。躺在草坪上仰望蓝天，云朵中太阳温暖的味道混合着烤肉香，一片如其名"渔隐"似的山水田园，半天内实现了我关于秋高气爽的所有奢望。泛舟湖上，云影澄澈，低头拣拾松鼠最爱的栗子，花浓枫红松果香。翻出最近半年的照片，我没有变，但是神情变了，眼神仿佛越来越简单，向朋友称：一个人也过得很好。

从开城回平壤的傍晚，我又幸运地目睹日落西山与月出东天齐晖的壮美。相机DV举在手中，凑在窗前拉近再拉近，镜头里，天蓝云淡，叶绿残红，一片迷蒙的红晕和硕大的红心落日，随车颠簸起舞。

回到平壤，顿觉回归了繁华城市。落日晚霞，沐浴在一片红云中的柳京大厦，发出金属质地的光泽。我一次次地陷入不知今夕何夕的神游，只是耳边清静依然，安静地提醒着我依然身处这片净土。

玉流夜雨

平壤的生活宛若流水，消逝倏忽一掠而过，不着痕迹。

一座城市，小女子一枚。在经历了多少风波，与这个国家的命运、人民的悲喜，同睡同醒多少个日日夜夜后，一场梅雨降临。纯净天地间，雾气迷蒙中，沾湿了肩，溅起雨点，黑夜白云飘忽不定，天际，闪烁霓虹。

一切变得灵动澄澈。落花人独立，微雨燕双飞。这句心头珍藏了十几年的词，至今依然伶仃在唇边逗留。"经过多少孤单从不需要你陪伴，才知道自己有多么勇敢"，"幸福过站不停，雨中掠过，把水花溅起来"，"分不清是泪是雨，注定分离的结局"。写雨的歌，多离愁别绪，雨泪模糊，于是雨中散步变得奇葩乖张，落雨时别人往家赶，我却蠢蠢欲动要冲出门撑伞漫步。

雨霏暂歇，玉流桥灯火较往日黯淡许多，倚栏杆处正恁凝愁？凡人多听雨怅然，我却闻雨即身心澄澈。大同江滔滔，漫步玉流桥，混迹在平壤市民花花绿绿的雨伞中，碧珠沾襟。

从玉流桥走到大同桥，在红色火炬的主体思想塔下，凭栏生烟，江水潾潾，人民大学习堂绿光映天，左右红光射空，云缭雾绕。身处城市却远离喧嚣，这个城市仿佛得到了上帝的眷顾，有意特许这片热土留下她兀自的坚持与纯净。

从不求有如我般爱雨的知己，却隐隐祈求上天恩赐一个愿意陪我体会这份美妙的机缘。江风飘，夜雨斜。想起四年前的首尔，那牵手漫步的情侣们；也记得盛夏骄阳闪烁，伊斯坦布尔那醉人的马尔马拉海峡，渡船上的我曾幻想着蓝色奇迹的继续……今日，同样是隔江相望，大同江畔红色火炬在云雾中涌动昭昭。整洁的江堤大道，独属于几对平壤恋人，他们同撑一把伞悠然漫步，没有多余的亲昵，轻轻地，融入无边氤氲……

若问闲情都几许，自在零丁落天涯。遥想城市里，躲闪疾驰车辆溅起泥点的人们，担忧淋一场酸雨，忧心忡忡于交通瘫痪地铁变海，无奈，租车计时器火箭速度秒杀荷包，泥泞、挨浇、落魄、天公不作美……这里，没有这些负面雨愁，我奢侈地完全拥有属于自己的时间，敞开心扉去体察，这场纯雨潇潇。

一些曾经那么美好的词汇，家书、蓑衣、剪烛夜话……逐渐消失于日常表达，不同年代的异域周遭里，夜雨中的我，肆无忌惮地饱尝生命回归自然。曾醒惊眠闻雨过，不觉迷路为花开。我找到了寂中作乐随遇而安的快乐。

依然可以怀有如此简单快乐的心境，霏霏细雨中，我为自己多年来保持的一颗童心而微笑，或许是我乐观的天性使然吧，雨停后，会观赏天边彩虹的美丽，即使夜雨，也依然会有看不见的彩虹，在心里。

十二、外国人的周末 Party

"听，寂寞在唱歌，温柔的疯狂的……"在朝鲜的单身日子，工作之余的闲暇里，我学会了独处。难得周末午后，安然在家。从平壤商店买来的瓶装牛奶，朝鲜罐装山蜂蜜，混合雀巢咖啡，为自己调和一杯奶咖。换上薰衣草色的睡衣，偎在沙发里，拿起一本英文书，听一首 Kelly Clarkson 的《Stronger》。

直到有一天，我才发现，在朝鲜还有一个外国人的圈子，打开一扇窗，发现的是另一个世界。

在朝鲜的外国人中，中国和俄罗斯两国的使馆人员最多。两个使馆分别位于西平壤的中心地带，独立门户，而其他外国使馆均设在东平壤的使馆区。在朝鲜的外国人不多，相互间总有机会熟识，读书会、电影之夜、外语角、友谊酒吧舞会，成为我一个非宅女在朝鲜的社交圈集合。

周五不眠夜，友谊酒吧外国人云集，轻松欢快的环境颇有点全球化的影子。使馆区里，和谐的邻里关系，见面告别都以亲脸颊示好，无论欧亚非，不分穆斯林基督徒。波兰大叔每次要亲脸三下，巴西女孩和我热烈拥抱，同非洲哥儿们文雅握手。我逐渐适应了所处小环境约定俗成的习惯，握手、拥抱、亲脸，仿佛一夜回到四五年前那个在土耳其的蓝色盛夏。

德国使馆隔周三都会举办一个小型晚餐会，来自德国、英国、法国、意大利、瑞典、西班牙、瑞士、埃及等国的朋友,在这里自由聊天,喝上两杯小酒,分享几张比萨,几只热狗。

在朝鲜常驻,人员流动性挺大,刚见过一面的朋友,过两天就要参加他的欢送会,在欢送会上再认识新的朋友……在WFP(世界粮食组织)的办公大楼里,不分国籍,不论年龄,各种舞蹈各种曲风,大家会自带些酒水,彼此分享,吧台里热心公益的欧洲帅哥为你调制一杯鸡尾酒,舞池里卸下所有工作压力的"群魔乱舞"。那支拍手耸肩的扭臀舞,成为呼风唤雨、众人齐扭的"广场舞"。

在国内的许多 Club 里,各路人等鱼龙混杂,初次见面的寒暄都花在询问"国籍、工作、为什么来中国"之类无从考证的基本事实问题上。安全方面,"平壤之夜"倒是值得放心的:都是国际机构或NGO、驻朝使馆以及大型国企的工作者,相互间都是朋友。据说周五舞会每次都几乎开个通宵,而我总会乖乖地在午夜一点前做第一个开溜的灰姑娘——周六还要继续战斗写急稿呢。

在这里,我认识了年纪相仿的法国女孩莱斯利,我们是"语伴",她向我学中文,我跟她学法文;认识了到访过世界一百多个国家、颇具国际主义精神的古拉特,他拥有尊重民族特色的包容胸怀。谢谢可靠的印尼朋友诺万,他总是热情地告诉我每一个聚会的消息,来使馆接我同行。

2012年万圣节舞会过后一周,被大家亲切称作"泰迪熊"的法国朋友查尔斯连开两场送别会,在他家休闲地吃完早午餐,再驱车到许多人不曾到访过的庆兴餐厅共享日式晚餐。餐厅里预先将所有长条桌子拼凑在一起,呼啦一下子坐满了三十多位各国朋友,氛围之轻松愉悦,关系之融洽和谐,即使是在北京、上海、首尔,也未尝体验过。

来自加拿大的英语老师克里斯汀聊起她在中国教英语的经历:"那时,我在中国吉林省延吉教中国朝鲜族的人英语。"她的灰蓝色眼睛和笑容十分纯净,如果发现彼此气质相投的人,便会激动地分享来到朝鲜的经历,"那时(在延吉)起我就对朝鲜产生了浓厚的兴趣,想要有机会来看一看。"

克里斯汀供职的 NGO 总部设在中国,专为全球高校教授英语。跟其他常驻朝鲜的国际组织职员享受高薪不同,加拿大和朝鲜官方都不向他们支付薪水,他们要自筹来朝的经费。"作为一个基督教信徒,我对朝鲜这样一个国家充满了想要解读的兴趣。"她说,她教的朝鲜学生都很聪明,思维灵活,会好奇地向她和同事们询问外面的世界。

集体晚餐过后,全体大陆漂移一般移至友谊酒吧。我和来自德国、法国、蒙古、加拿大的几个女孩子,以及英国、俄罗斯、瑞典、埃及的男孩子,年龄相仿,聚在一起,舞池里即汇集了各种鼓点、舞姿。

PIWA 春季义卖

2012 年 5 月的一天,我陪大使夫人参加平壤国际妇女协会 PIWA (Pyongyang International Women's Association) 的活动,为大使夫人做翻译。PIWA 作为在朝外国妇女组织,每年都会举办一次为朝鲜儿童捐赠的春季义卖活动。

陪同大使夫人来到东平壤第二使馆区的罗马尼亚大使官邸,使馆是西式建筑风格,蓝白色沙发交错摆设,厅堂轩敞,落地窗光线通透。来自俄罗斯、捷克、德国、越南、尼泊尔、印尼、马来西亚、巴勒斯坦、伊朗等使馆,以及 UNICEF(联合国儿童基金会)、UNDP(联合国开发计划署)、WFP (世界粮食计划署)、WHO (世界卫生组织)、红十字会等各路国际组织的妇女代表纷纷到场。大家围坐一圈，罗马尼亚使馆的夫人们忙着给大家端上甜点、咖啡，各位代表操各路口音的英语作了自我介绍，可谓五光十色。

"每年一次的春季义卖，少不了大家的鼎力支持。根据去年的经验，我们希望在义卖现场，多做各国美食，这样的效果最好。" PIWA 的组织方凯瑟琳主持说。而义卖会筹集的所有资金将捐赠给开城一家孤儿院。

几周后，再次陪同大使夫人参加 PIWA 聚会。二次见面，已算旧识，相互间热情地打招呼。大家按地区分成小组讨论，讨论筹备东南亚展台、欧洲展台、非洲展台等，中国和俄罗斯使馆因为家大业大，独立门户。

进入微热的 6 月，盛夏的果实聚集在即。使馆动员妇女活动小组成员提早准备好食品、饰品，红红火火装点起中国展台。同身着旗袍的年轻外交官家属姐妹一道，我也站在展台前帮忙推销。中国义卖展台中，有各种中国风的饰品、食品、生活用品等。从粽子、沙琪玛、炸炸脆，到文具、雨具、青花瓷餐具，再到羽毛球、乒乓球……定价从 0.5 欧元到 15 欧元不等。外国友人络绎不绝地消费着他们从入口处买来的代金券，我们则收获着哗啦啦入账的满足感。

印度、尼泊尔的传统美食，俄罗斯的套娃，法国、罗马尼亚的甜点，国际组织联合张罗的书市和衣服淘宝。游走一圈，人们可遍尝各国美食，结识各路朋友。WFP 大理石大厅里，人头攒动，气氛热烈。作为在朝外国人最轻松随意的大集会，一场春季义卖，似乎沟通了朝鲜和世界。为了开城孤儿院一百三十个孩子的豆奶，每个人都作出了自己的一份贡献。

拍卖会俨然成为一个自娱自乐、自弹自唱的 Party，俄罗斯使馆五位大妈大叔弹唱欢歌，将气氛推向齐鼓掌打节拍的高潮。自己手中的寻常物件或许在别人眼里就是宝。拍卖环节，捐赠出来的拍卖品种，有伊朗地毯、朝鲜国画、民族特色服装，也有香奈儿香水、吉祥电话卡号。好笑的是，一位中资机构的朋友，以 130 欧元的竞拍价买到"一套茶具"，却被告知"其实是买了一次咖啡品尝券"。"请你来我家喝咖啡，这都是为了孩子们的奶粉嘛"。

繁华散去，最后清账捐款时，中国使馆以 728.5 欧元的骄人战绩，位列团体参与贡献第一。为开城孤儿院孩子的豆奶，我们尽了微薄之力。

欢乐春节双语主持

一边是紧张的朝鲜核试窗口期，一边倒数着春节临近。2013 年的春节前夕，中国大使馆文化处策划的春节庙会游园活动，近在眼前。使馆领导任命我来双语主持这场晚会，我的心情很复杂。

英朝双语主持，对我而言既是信任又是挑战。半岛形势急速紧张，本职工作的报道任务处在紧要关口，虽担心分散精力，我还是欣然领命。此时，恰逢首席记者回国休假，几天来，我白天全天盯机写稿，下午抽空跑去彩排，晚上熬夜背台词，其间再穿插着做总社电话连线，如机器人般连轴转不知疲倦。

角色转换，放手一搏，告诉自己必须咬牙坚持下去，扛到联欢会结束那一刻。

庙会游园当天中午，我和搭档赵老师最后一遍串词，给总社编辑部打电话报告，特将情况说明，请总社帮忙"盯机"。心里默念祈祷"千万不要在这期间有什么突发事件"，匆匆化好妆，随使馆大巴车前往大同江外交团会馆。

舞龙舞狮过后，朝鲜各界人士、各国驻朝使团和国际机构代表、中资机构和华侨代表，随刘洪才大使和夫人步入会馆一层宴会大厅，互相恭贺新春快乐。庙会游园现场年味十足，包饺子、工艺剪纸、写"福"字、捏泥人、十二生肖套圈等活动，全面而生动地展现了传统中国年的民俗风情。

第一次做英语和朝鲜语双语主持人，我与搭档开始了整场联欢会的穿针引线。从嘉宾讲话、介绍活动环节、报节目、抽奖，每一环节我们都需把握时间，引领全场。还要边欣赏节目，边留神幸运抽奖。

太极扇、抖空竹表演，让各国来宾体验了一把中国春节的热闹年味。朝鲜姑娘身着民族服装用朝文、中文演唱歌曲《喜相逢》、《欢乐中国年》，使联欢会掀起小高潮。德国驻朝使馆的嘉宾说："以前只在电视上看过中国人过春节，没想到在朝鲜还能亲身感受到浓郁的中国文化，还自己动手包了饺子，十分难忘。"

朝鲜贸易省的代表说："第一次尝到逛庙会的趣味，就像西方冷餐会一样氛围轻松，中国春节和朝鲜春节的民俗有许多相似之处，但更具底蕴。" 聊到当下紧张的朝鲜国内外形势，一位来自农场的朝鲜故友对我说："不知为何，倒是非常感谢中国大使馆，在这么紧张的时期，还能按原计划隆重举行春节庆祝，我内心觉得中朝友谊果然不会轻易被撼动啊。"他如此一说，我这段时间的所有压力都烟云消散了。为补充体力再战，被塞进嘴里的冷餐，也那么的可口温暖。

十三、我成为朝鲜 3G 手机上网第一人

在朝鲜用手机刷微博、发微信，在 2013 年 1 月份还是"白日梦"的奢望，如今已成为活生生的现实。自 2013 年 2 月 25 日起，朝鲜开始向在平壤的在朝外国人提供 3G 网络手机上网服务。

当天一大早，我和分社同事赶往高丽电信营业厅，持护照登记了 WCDMA 制式手机的识别码，并支付了 75 欧元（约合 617 元人民币）的入网申请费。在办理完相关手续后，"3G"字样随即出现在手机上面。

"恭喜你成为平壤 3G 手机上网第一人！"高丽电信的营业员拍手为我祝贺。

我于第一时间体验了用手机发微博，用微信给国内朋友留言，登录国内主流网站以及国外 Facebook、Twitter、YouTube 等网站，速度均较快捷。"亲们，我在平壤，正用手机上网喔！"

手机上网资费为，月租 10 欧元（1 欧元约合 8.2 元人民币），包含 50 兆流量，超出部分按每兆 0.15 欧元收取。由于月租流量有限，我决定以后尽量少浏览图片较多的网页，将有限的流量留给微博，以备工作之用。

身边的一些外国朋友表示，用 iphone 手机上网并没有障碍，但目前尚无法实现在朝鲜下载 APP Store 中的软件，进行版本升级。而安卓系统的手机，则需对网络设置中的接入点重新设置后，方可上网浏览。

同我一样，不少常驻朝鲜的外国人对可开通手机上网的好消息感到兴奋，但多数人认为"价格不合理"而决定暂不考虑开通。一名国际机构的法国人表示："费用高得离谱，我和朋友想以沉默让他们调低价位。"

对此，高丽电信公司的埃及技术人员说："你此前曾想象过带着自己的 iphone 在朝鲜上 Twitter 吗？"他对记者解释说，之所以价位高是由于朝鲜情况特殊，他们从运输器材到建设施工，再到与朝方洽谈，其中产生的费用"十分高昂"。

在 2008 年，朝鲜政府与埃及电信运营商奥斯康公司签署了为期四年的协议，致力于打造朝鲜的 3G 手机网络，该公司是朝鲜唯一的官方移动通信网络运营商。

"高丽电信公司经过一年多的协商努力，才获得朝方安全部门对外国人开放手机上网的批准。"高丽电信说，并称"这与谷歌团来访没有关联"。这是继 2013 年 1 月份朝鲜允许外国人携带手机入境后的又一开放动作。

自 1 月 7 日起，来朝的外国人只需在海关填写一张登记单，即可携带手机进入朝鲜，但外国手机在朝鲜没有国际漫游信号，拨打国际长途电话必须购买高丽电信公司的 SIM 卡。向外国人提供的手机卡分为临时卡和长期卡，若想在朝鲜使用手机上网，必须购买长期卡，而长期卡仅向在朝停留时间超过两个月的外国人出售。此后，高丽电信又开通了对短期来朝游客的业务，入网资费同样为 75 欧元。

在平壤体验网上冲浪

在平壤上网究竟有多快？美国《时代周刊》曾报道说，外国记者曾发现朝鲜网速比中国还快，我在平壤工作上网，感觉朝鲜网速还算正常，目前，仅有在朝的外国人和少数因工作需要的朝鲜人能够登录互联网。只要支付高昂的上网费用（宽带一个月约为 500 欧元）就可以使用互联网，多数主流网站不受限制。

就在谷歌执行董事长施密特参观朝鲜电脑中心的第二天，2013 年 1 月 10 日，朝鲜中央电视台报道了朝鲜自主研发的第三代平板电脑"三池渊"（朝鲜地名，位于两江道三渊池郡的天然湖泊）新上市。新款"三池渊"集众家所长，产品尺寸与苹果的 iPad 基本相同，约为 B5 纸大小；操作系统与谷歌的 Android 系统极其相似，而其吸附式键盘和可观看电视节目，成为新亮点。"三池渊"平板电脑售价不菲，约在 300 美元左右。

我尝试了这款平板电脑的功能，桌面有文件处理、电子图书馆、电子词典、电影、音乐、游戏等图标，触感灵敏，但不能上互联网。当我问到什么时候可以联网时，该电脑设计工程师也只是笑而不答。由于无法联网，因此平板电脑的许多功能无法发挥，如果用户想安装新软件，还得跑回销售点让专业人士代为完成。

平板电脑价格之贵，本以为朝鲜人会消费不起。逐渐地我发现，使用"阿里郎"、"三池渊"牌平板电脑的朝鲜人越来越多，听歌，打游戏，且电力持久。尽管朝鲜目前还无法普遍接入互联网，但我所接触到的朝鲜朋友对电脑、手机等新生事物都非常感兴趣，也很希望了解世界最新科技发展情况。近年来，由于朝鲜对外贸易逐步增多，一些公司也办理了自己的电子邮箱以便与客户取得联系，不过，在这里取得电子邮箱账户仍需经过层层审批。

近年来，朝鲜积极鼓励电信业和 IT 事业的发展，并借后发优势实现了移动通讯业的跳跃式发展，3G 网络发展速度迅猛。据最新了解，高丽电信目前已经突破两百万用户，增速惊人。

在朝鲜一些大城市，人手一部手机是正常现象，在街道上、餐厅里、集贸市场，时常可以看到手持手机通话、低头忙着发短信的朝鲜人。朝鲜用户可通过手机登录内部朝文网站，观看《劳动新闻》，但由于内容与纸质版报纸内容大多一样，"采用手机上网看新闻"在朝鲜用户中并非很受欢迎。

在强调建设经济强国的同时，朝鲜十分重视科技强国，尤其是对电脑技术的重视。早在 1990 年朝鲜就成立了计算机中心，是国家资讯科技及信息技术产业的中心基地，目前是部级单位，由内阁直接管理。朝鲜中央电视台和每周末播出的万寿台电视台，也经常播出介绍国际科技最新成果的专题节目。

朝鲜国内已经建成了庞大的局域网"光明网"，朝鲜人可在"光明网"上聊天，发邮件和搜索查阅资料。但驻朝记者尚未亲见传说中的"光明网"的庐山真面目。

然而，朝鲜的互联网环境并不稳定，常常因遭到"黑客"攻击而被迫关闭自保。2013 年 6 月，我感受到了长达半个月与世隔绝的断网，给工作带来很大不便。朝鲜有关部门提前通知各驻使馆和国际机构说，由于遭到黑客攻击，平壤的宽带网服务将暂停一段时间。

于是，从 6 月 19 日开始，平壤的宽带网中断，20 日开始，3G 手机上网中断。我尝试联系手机运营商高丽电信，其工作人员也无奈地说，高丽电信也遭到了攻击。

朝鲜网络遭到"黑客"攻击并非头一遭，先前曾多次中招。此前在 3 月时，朝鲜运营的多处互联网服务器在数日内受到集中、持续的病毒攻击。

朝中社6月21日发表评论，指责国际"黑客"组织"匿名者"对朝发动网络攻击，认为这是侵害主权国家主权和尊严的严重政治挑衅行为。评论说，"匿名者"称将于6月25日对朝鲜发动名为"渗透朝鲜内部"的网络攻击，表示将可借此动摇朝鲜体制。评论称，美国和韩国则在幕后"同这一'黑客'组织勾结"，他们针对特定国家使用信息技术作为武器，是侵害主权国家主权和尊严的严重政治挑衅行为，也是对国际社会的公然挑战。

十四、朝鲜电影城的穿越之旅

这次,我爸妈来平壤探亲度假,自然聊到让他们60后难以忘怀的"朝鲜电影"。老爸以过来人的口吻对我说,在我少儿时候,看了很多朝鲜电影,《看不见的战线》、《摘苹果的时候》、《永生的战士》、《原形毕露》,尤其是《金姬和银姬的命运》,是一部描写艺术家的电影,歌曲很美,到处传唱。还有《卖花姑娘》,观众是从头哭到尾。"最有喜感的要数《鲜花盛开的村庄》,"老爸津津乐道,"给个帅哥介绍女友,拿出照片是个又白又胖的女孩子,帅哥不同意,他爸爸就做他的思想工作,'人家去年挣了六百工分啊,漂亮的脸蛋能长出大米吗?'"

作为他们的后人,我无法复原父辈的记忆、感情,那个时代只属于他们。

老爸老妈的运气还真好,有缘在朝鲜旅游期间追忆当年。我们一家一起观看了朝鲜经典歌剧《卖花姑娘》,三个小时的演出,妈妈和我都感动得落泪。

近二三十年来,曾经的朝鲜电影逐渐淡出中国观众的视野,而现在的朝鲜人看什么电影,喜欢哪些演员,我们也不得而知,属于朝鲜人的"流行"风向,似乎难以捕捉……就在2012年9月的平壤国际电影节前,平壤市各大影院还一直挂着连映不衰的经典电影手绘海报。我同朝鲜人聊起他们喜欢看的新电影,人们往往还是提到《民族和命运》、

《命令027》等早年的经典作品。这些电影常演常新，为一部电影去影院看三遍以上的，在当地人中也很常见。

2011年上映后获得一致好评的《夙愿》，讲述军人夫妻二人如何建功立业，分别实现了同金正日将军合影留念的愿望。《青春呦》歌颂年轻人如何挥洒汗水，为祖国贡献青春力量，是朝鲜最受欢迎的热播影片。

我想通过走进朝鲜经典电影的诞生地，来感受老电影诉说的岁月。朝鲜艺术电影制片厂，隐匿在平壤市郊绿树如盖的兄弟山区，今日的电影城已经成为回顾朝鲜电影发展史的"古迹"，三三两两的游客走在怀旧的时光巷里，完成一段追忆当年光影的穿越之旅。

电影城曲折小径中别有洞天，一百七十多幢建筑中，从高句丽（公元前37—公元668）到李氏朝鲜（1392—1910）的百姓草房、地主家的大瓦房、北部地区的原木房，到抗日时期的岗楼和游击队营地，各式楼宇鳞次栉比，飞檐翘首的歇山式传统建筑，讲述着古老的传说。据介绍，早期的朝鲜历史题材影片，如反映艺妓之女春香和富家公子李梦龙忠贞爱情的影片《春香传》、风格唯美的歌剧片《爱，我的爱》，都是在这条街拍摄的。

然而，这座一度辉煌无比的电影城，如今已是荒烟蔓草、林木萋萋，山坡上竟然成了山羊的乐园，咩咩叫出一片世外桃源与世无争的恬淡。据了解，现在拍电影多是直接到现场，电影城更多地成为旅游观光之地。影视城里的每条摄影街都有专门的管理员，他们负责建筑的清扫和日常维护，也会应拍摄需要对建筑进行翻修。

朝鲜艺术电影制片厂综合科朴主任说："我们计划在近几年内展现朝鲜电影艺术的新面貌，实现从设备现代化到电影内容与形式的革新，先军朝鲜的电影特色是体现'先军'时代人们的美德和精神。"据了解，该电影制片厂正在制作三部新影片,目前暂命名为《将他赶回去》、《山林里的回音》和《田野间的幸福》,分别讲述美国间谍潜入朝鲜、金正恩元帅对青年一代的关爱,以及金正日将军如何呕心沥血解决粮食问题的故事。

平壤国际电影节带来文化盛宴

两年一届的平壤国际电影节是平壤市民难得享受到的"文化盛宴",2012年9月21日至27日,来自三十多个国家和地区的五十多个团体带来九十多部题材各异,别具特色的国际影片,成为金秋时节平壤的热门话题。

在平壤国际电影会馆、大同门电影院、东平壤大剧场、凯旋电影院等平壤市近十家影院,纷纷张贴"今日上映"的最新手绘海报。每个影院设有售票窗口,票价从往常的200元朝币暴涨到5000元朝币。

谈及票价上涨原因,朝鲜电影进出口会社的吴社长说,朝鲜电影的主要功能是教育人们要为社会主义建设做奉献,与满足民众艺术需求相比,更多的在于教育功能,因而便宜,而电影节期间上映的外国影片"并不存在教育民众的目的"。

"往届电影节票价便宜,一人可以帮亲戚朋友购买多张,因而总是购票难,原以为这次票价上涨该不好买了,哪料到影院依然是座无虚席,场场爆满。"一个在大同门电影院排队买票的朝鲜人说。电影院门口"清凉饮料"冷饮店周围,有人坐着,有人站着,一些年轻人干脆坐在草地上,喝啤酒吃烧烤,等候入场。

平日里,街头写有"牡丹"字样的DVD影碟出售亭前,时常可以看到买碟的人络绎不绝。窗口上写着最新热卖的朝鲜歌曲、中国内地和香港电影电视剧,以及俄罗斯和古巴影片,中国电视剧《毛岸英》、《任长霞》、《惊天阴谋》,以及成龙、甄子丹的功夫片在朝鲜家喻户晓。朝鲜中央电视台日前热播的电视剧《惩罚》,朝鲜电影《白玉》、《夙愿》、《没有破不了的档案》,位列 DVD 畅销榜首位。售价从 3000 元到 6000 元朝币不等。

但 DVD 和 5000 元朝币一张的电影票都不对外国人出售,外国人若想观影,需前往设在羊角岛酒店内的唯一对外售票点,票价为 5 美元。

发生变化的不仅是票价,本届国际电影节的开幕式,也展现出朝鲜逐步与国际接轨的趋势。身着传统民族服装的朝语主持人,搭配穿斜肩桃红短裙的英语主持人,主持词一改此前的规整的程式化,轻松自然。大型 LED 屏幕呈现多媒体制作的新技术,致辞者不再是从后排而是从观众席中起身,走上 T 型舞台,形式活泼多样。

朝鲜首次同外国合拍的两部电影,中朝合拍电影《平壤之约》和朝英合拍电影《飞吧,金同志》,作为本届电影节的一大特色,展现了朝鲜电影同外国合作的大胆尝试,为朝鲜电影对外交流合作开启了一扇窗口,受到朝鲜国内外关注。

平壤的首部合拍片

《平壤之约》影片首映式后,在场的中国观众说,时隔多年又一次看到朝鲜电影,感觉格外亲切,唤起了他们 60 后重温当年岁月的温故情怀。

影片《平壤之约》讲述了舞蹈家王晓楠在民族舞蹈大会表演朝鲜民

族舞时意外失利，始终难以领悟朝鲜舞真谛的她，在沮丧迷茫之际接受奶奶的安排和托付，随交流团前往平壤学习的故事。影片以朝鲜舞为主线，将王晓楠在朝鲜同朝鲜大型团体操艺术表演《阿里郎》总编舞金银顺之间的故事娓娓道来。同时，以寻找老照片中奶奶在抗美援朝时的战友秀美为辅线，将老一辈的革命友谊编织贯穿入戏，绵延开来。

作为中朝首部合拍电影，影片从剧本、导演到主演和摄影均由中朝两国共同协商合作完成。中朝合拍电影的创意源自李水合，人称"李厂长"的北京九州中原数字电影院线总经理。这是他第十次来朝鲜，在2006年他第一次参加平壤电影节时发现，朝鲜人非常喜欢看中国电视剧，而中国人对朝鲜电影有着浓厚的怀旧情结。李水合说，他曾多次见到电影《卖花姑娘》的女主角洪英姬等朝鲜演员，正是在与他们的交流中，萌发了中朝合拍电影的创意。"由于是先商定好合拍意向后'炮制'剧本，剧本内容前后修改了无数次。"

李水合回忆剧本问世过程时表示，剧本是一改再改，以至于没有一个编剧可以说剧本是他写的，因为前后换了十多个编剧。朝鲜几十年来首度和外国合作拍摄电影，他们"不了解、不适应、不放心"是很自然的。

写剧本的过程也是中朝创作人员交流磨合并达成默契的过程。李水合说，朝方人员到北京看到北京繁华的夜景后也改变了初始想法，要求加上当初坚决不让拍的平壤夜景。在朝鲜放映的版本里，加入了几秒"万寿台仓田街"夜景的画面——这处新建成的平壤市中心的商业区也展现了朝鲜正在发生的变化。

"有了这第一部的突破，今后再合作就会容易多了。"首映结束后，朝方电影局的负责同志说，"你们今后想拍哪里，就拍哪里"。李总告诉我,他已经接到了朝打算中朝俄三国合拍电影的剧本,"首部合拍是建立互信的过程,朝方从不了解、不适应、不放心,到现在建立起互信。对今后的继续合作充满信心。"

一个"首部"诞生的背后,凝聚了几多艰辛。对一部合拍电影,不可能奢求完美。它诞生的意义在于:让年轻一代去了解和体会邻国的现实,也让60后走进影院怀旧当年。朝鲜文化省副相朴春南在首映式上致辞说,《平壤之约》将成为两国电影合作的突破口,为促进中朝友谊世代传承发展贡献力量。

在首映式结束后,我找到朝鲜编剧金春元。他介绍说,在同中国编剧一起讨论剧本的过程中,开始还颇为担心想法不同,逐渐发现原来中国的编剧的想法也同他一样,希望把朝鲜的自然美和淳朴的民风传递给大家。金春元是位作家,是朝方更换的第二个编剧,他强调说,由于创作时间所限,对作品还有一些小小的遗憾,希望有机会再创作出令中朝观众更喜爱的作品。

朝方没有安排采访。观影结束后,人员四处散去。我从人群中追上正要从侧门离开的朝鲜导演金玄哲,喊出他的名字,自报家门,在没有陪同跟随的情况下,开门见山直接和他聊起来。

金玄哲表示希望日后能执导更多中朝合作的影片。"就个人而言,想拍体现中朝两国少女情怀的影片,人们对真善美的追求是相通的;也有拍关于中国武术和朝鲜跆拳道故事的想法。如果有机会到北京拍摄,拍朝鲜人在北京的生活,那当然更好不过了。"金玄哲面对记者采访,坦诚道来,不时流露出他个人的想法,显得与众不同。

采访不到五分钟,朝方剧组人员开始催促导演离开。按照采访惯例,通常会和采访对象合影留念,我也不管正在朝我走来的是谁,直接上前拜托帮我同金导演合张影。金导演非常配合地摆好造型,咔咔咔咔,我俩朝着午后阳光的眼睛都眯成了一条缝。

万万没料到,两个月后的一天,我陪探亲的父母上街,竟在一家餐厅同金导演偶遇!我进门,愣了一下,觉得眼前这人好眼熟,几乎同时金导演也认出了我,朝我微笑点头。我走上前去,同金导演握手打招呼。"啊,真是巧,我明天去北京参加首映式。"几句话后,他即匆匆道别离开。还在想着和他聊朝鲜电影的老爸,一脸遗憾。

十五、阿里郎，朝鲜民族的同一首歌

"阿里郎，阿里郎，阿拉里哟……"不论世界上任何角落，只要有朝鲜民族的地方就有阿里郎。朝鲜大型团体操艺术表演《阿里郎》，韩国以"阿里郎"命名卫星和电视台，中国延边朝鲜族非物质文化遗产"阿里郎"……

"阿里郎，阿里郎，阿拉里哟……"《阿里郎》是著名的朝鲜族民歌，它在不同地方有不同版本，独自歌谣、器乐重奏、电影音乐等各种形式广泛演奏，各具特色的"阿里郎"共有七八十个。比如朝鲜平安道的"西道阿里郎"、京畿道的"长阿里郎"、全罗道的"珍岛阿里郎"、庆尚道的"密阳阿里郎"、江原道的"江原道阿里郎"、咸镜道的"端川阿里郎"……

《阿里郎》源于盼郎归来的爱情歌曲，经过苦难多艰的岁月，不断被处境各异的朝鲜民族赋予更广泛的外延。我尝试以阿里郎去了解朝鲜民族，走进万人一舞的《阿里郎》，走进"比世界上任何民族都盼望统一的阿里郎民族"，以歌舞诠释同一民族的阿里郎，以通感剥离差异，在最柔软的神经中找寻绵久。

"整个民族在起舞"

平壤，大同江的夏夜，绫罗岛五一体育场，朝鲜大型团体操文艺表演《阿里郎》十周年新版上演，新增金正恩执政半年多来的新元素。《阿里郎》于2002年首演，在2012朝鲜打开强盛大国之门、金正恩执政初年，全新"十年纪念版"纪念金日成诞辰一百周年和金正日诞辰七十周年，翻新近半。

"乐园花盛开阿里郎，自力更生阿里郎，跟随将军的指引哦阿里郎，建设主体强国阿里郎……"身着军装的飒爽女兵一边高唱着歌曲《强盛复兴阿里郎》，一边表演着剑舞，柔美中饱含力量。从悲怆日帝殖民时期的"眼泪"阿里郎，到"先军"、"幸福"、"统一"阿里郎，再到"友谊"和"强盛复兴"阿里郎……

朝鲜人民民族艺术团演员金秀成回顾十年参演《阿里郎》的经历，感慨地说："从前我们是悲情流泪的阿里郎民族，现在我们是幸福、强盛复兴的阿里郎民族。"

十万名学生和文艺工作者联袂献艺，《阿里郎》因其"绝世独立"的阵容和独创，于2007年被载入《吉尼斯世界纪录大全》，成为外国游客在朝必看节目之一。朝方工作人员敞亮地说，入场券对朝鲜人是80朝币（当时美元比朝币汇率约为1比100），对外国人则从100美元到400美元票价不等。"我们向全世界开放，甚至敌对国家的游客都可以来观看。"

新版本《阿里郎》在舞蹈音乐、激光照明、特大型屏幕、电光装置、音响等各方面都打破常规，舞台布景不断变换出用反光板"手动动画"拼出的画幅和豪言壮语:"队伍千万,心脏唯一"、"处处都是人民的休养所"、"二十一世纪,数字化的世纪"、"强盛大国"等主题,拼出党旗,领袖太阳像,涌动的"三千里锦绣江山"。

《阿里郎》以朝鲜民族独特的歌舞之美、富有活力的团体操、叹为观止的杂技表演,拼出神奇的壮观,展示"阿里郎民族"的意义。第2场第2景中,呈现出今年入住的平壤仓田街、绫罗人民游乐园等体现金正恩元帅关怀人民生活的新场景。创造团队的导演室主任金锦龙介绍说:"当看到敬爱的金正恩元帅在'6·6少年团节'动员全国之力,让全国各地偏远山区孤岛上的孩子们乘专机,搭专列来到平壤举行庆祝活动时,我们难以抑制激动的心情。创作和排练时间虽然紧张,但是'朝鲜只要下决心就能成',我们决心一定要在新作品中体现金正恩元帅对青少年的关爱之恩情。"

万寿台演员张润担当第2场第1景"追忆无边"的领舞。当将军逝世的噩耗传来,朝鲜举国上下悲痛欲绝以头抢地,唯有她有着十秒钟的独舞时间,"漫天大雪中,以我粉色裙摆起舞带给人们以痛定思痛劫后重生的希望。"张润没有为自己能成为十万人中的独舞者而骄傲:"我不是一个人在跳舞。"

这句话与电影《平壤之约》中的台词如出一辙。影片中中国女主角舞蹈演员王晓楠的舞蹈"技巧出众却缺乏灵魂,现代感强却内涵不足"。苦苦追寻朝鲜舞真谛的她,发出了这样的疑问:银顺尽心尽力编排团体操表演能有什么意思?几万人整齐划一的动作,岂不是淹没了她自己的舞姿?"你不是一个人在跳舞,而是整个民族在起舞。"这句《平壤之约》的台词,不是夸张和拔高的主旋律,正是从朝鲜舞蹈家口中给出的答案:她们的才华全都融入每一个舞者的一呼一吸、一举一动。

张润说，这是她第三次参加《阿里郎》的演出。"每天的中餐和晚餐都由国家提供。有肉和海鲜、蔬菜和鸡蛋等营养搭配。从早晨9点开始排练到晚上11点到家，全天非常充实。"当问到天天日晒如何护肤时，她开心地笑答："国家和伟大领袖每逢节日都会为我们送来护肤品和化妆品，这点不用担心。"

掐指一算，十万演出者中有十分之九是平壤市民，也就是说在一百五十万人的平壤，平均每十五人，即三四家就有一名参与到《阿里郎》的演出中来。金锦龙说："十万人的参演数字毕竟还是有限的，很多没能有机会参加演出的市民纷纷表示：'我能为《阿里郎》做些什么吗？哪怕是送盒饭，搬道具呢。'"

平壤舞之约

朝鲜舞的真谛在于韵律美和含蓄美的统一。如果缺乏深厚的舞蹈功底，容易因表现力不足而体现不出韵律，相反如果表演外露过火，就会失去含蓄美。这是《平壤之约》中女主角王晓楠的扮演者刘冬对苦练朝鲜舞的感悟。

《平壤之约》的中国导演牙合甫说，他是看着《卖花姑娘》、《金姬和银姬的命运》等朝鲜老电影长大的，那是他们60后的集体记忆。拍摄过程中，他也在努力寻找朝鲜电影最能打动人的本质，通过讲故事着力展现今日朝鲜的社会生活。他说："影片一切围绕舞蹈交流展开，抛开政治，回归人性，两国人民对美好生活的向往与人性美的主题是相通的。"

静穆怡然的长鼓舞、舒展利落的铃铛舞、风韵典雅的扇子舞，晓楠在听从银顺安排来到农村老家,同乡亲们一起跳飞旋流畅的农乐舞的那一刻,找到了回归舞蹈本真的快乐。刘冬说:"非常感谢朝鲜艺术家对我的指导,他们对舞蹈和电影艺术的执着和敬业精神给我留下了深刻印象。"

《平壤之约》中银顺的养子中原,因病缺了一天排练而被"谢绝"参加总彩排,甚至无缘正式演出。银顺的台词"没人情味"地不近情理:明明知道孩子有缺陷,却让他参加演出,如果有了闪失出错,对整台演出没法交代,对其他辛苦排练的孩子不公平,更是对领袖的不尊重。如果现在允许中原以这样的心理去对待领袖,那么长大以后他也会以这样的心理去对待领袖。"这句话,刚来的第一年时我不懂,在朝鲜待到第二年,我才逐渐能够去理解。"刘冬说。

生了病也要坚持参加排练和演出的情节,正是朝鲜严谨集体主义精神指导下的缩影。从5月末起即在4·25文化会馆广场、金日成体育馆等大型各大广场前,每天从清晨7点到傍晚7、8点,6月的阳光下,学生们身着白衣白帽,头顶烈日,全天进行训练。为了给领袖献上最完美的作品,参演群众在烈日下整月整天地练习。在孩子们幼小而单纯的心里,支撑他们不畏酷暑蒸烤日复一日训练的,是一种类似信仰的力量。

刘冬说,朝鲜的孩子比我们训练得投入刻苦,要是我小时候遇到刮风下雨或许就会偷懒,不去练了,但是朝鲜的小朋友不会打退堂鼓的。他们能为直接参加演出,感到特别光荣。

朝鲜舞蹈家金银顺的扮演者、二十六岁的金玉林说,这次也是她第一次光荣"触电"。《平壤之约》在平壤首映后,我问她想不想转行做电影演员时,她说:"我热爱舞蹈,今后还想继续跳舞。"

在《阿里郎》总彩排时,我偶遇并第二次采访了金玉林,她开心地同我分享到北京参加中国首映式的体会,"去了十几天,耽误了排练。我要更加努力训练才行。"作为《阿里郎》开场的领舞,金玉林深知自己角色的重要。

"若是你病了,还会参加演出吗?"我问她。

"就算带病也要上啊,所以要特别当心身体。为了国家也要照顾好自己。"金玉林攥紧了的拳头,在胸前,一如说"我热爱舞蹈,想一直跳下去"时的坚定。

"朝鲜民族又叫阿里郎民族,是因为朝鲜民族是比任何民族都祈盼团聚的民族。"源于盼郎归来的爱情歌曲《阿里郎》,经过苦难的岁月,不断地被注解更广泛的外延、赋予了更深刻的意义。相信团结勇敢,同唱民谣《阿里郎》的阿里郎民族,终会迎来团聚的那一天。《阿里郎》终会唱遍三千里锦绣江山。

下 部

朝鲜深度游

一、"主体百年"四月天

几场傍晚春雨、清晨飘雪过后,春寒料峭在4月上旬戛然而止。平壤街头,被许多身着鲜亮朝鲜传统礼服的姑娘装点一新。

朝鲜的春天终于来了。

对朝鲜而言,2012年的春天是"大庆之春"。4月15日"太阳节",是朝鲜已故国家主席金日成百年诞辰纪念日,亦是朝鲜开启"强盛大国"之门、年轻领导人金正恩接班以来的第一个春天。

大事件之外,镜头里朝鲜人的生活画面,是无法抹去的真实存在。阅兵式步履铿锵之后的军民欢庆、外国人纷纷加入朝鲜式广场舞的斗志昂扬、承载着大喜悦大愤慨的金日成广场上的变与不变,在我的镜头和记忆中,成为主旋律外的动听插曲。

"太阳节"大庆之春

"太阳节"节日里的欢庆氛围,无时无刻不弥漫在朝鲜各地。节前一周,平壤的街边巷里,都悬挂上了崭新的朝鲜国旗。较大的十字路口,鲜艳的国旗、党旗、红旗,分作三层,像花团般锦簇街头。大型喷水池前,环卫工人们正在清洗白色系列雕塑。平壤火车站前的彩色大屏幕上,伴着锦绣河山的画面播放着爱国歌曲。

最具鲜明朝鲜特色的标语和宣传画也在逐日翻新并增多。平壤市街头巷尾随处可见庆祝宣传画和标语:"热烈迎接党和国家大庆事——朝鲜劳动党代表会议召开"、"团结一心"、"按我们的方式"、"思想观念、斗争气节、生活方式,全部按'先军'要求"等。

在田间旷野,在城市农村,加紧生产建设的人群,农民忙着播种,市内一些新建的高层住宅楼工地,工人们正加快进度,争取在4月15日之前竣工。"战斗场上"(朝鲜语,"施工工地")红火地开展着生产建设,以军人、工人为主力,也有学生前来帮工。"战斗场上"的标语写得意气风发:"一鼓作气"、"高举新世纪产业革命旗帜,向最尖端突破战前进"。

走在平壤的大街小巷,无论早晚,总能看到有学生、妇女,还有老人、儿童在植树种花。大家脱了外套,蹲在地上,用手小心地拍打固实泥土,抚弄花籽,"人人都为节日之乐而忙着",朝鲜民众这样说。

从3月下旬起,平壤各大广场就经常人流如织。各个年龄段的女性身着传统朝鲜礼裙,参加各类群众集会活动。她们中有的举着粉色、红色的花束,有的背着红旗,在革命歌曲伴奏下进行排练。去商店买东西,发现不少柜台的售货员都不见了踪影,一问才知道是"参加活动、学习去了"。

"4月买衣服、扯布料做礼服的特别多,赶上国家大庆典,好多人挑这春暖花开的好日子结婚。"卖衣服的朝鲜大婶对我说。统一市场等集贸市场上人头攒动,前来购物的民众人数较平时有明显增加。

如果说此前的群众活动都是预热,那么第28届"四月之春"友谊艺术节成为"太阳节"浓墨重彩的彩排。前来参加艺术节有中国、俄罗斯、印度、法国、意大利等全球二十多个国家的五十多家艺术团体,其中包括中国人民解放军总政歌舞团、莫斯科国立柴可夫斯基音乐学院合唱团、法国阿尔贝里克·马尼亚尔室内乐团等。

盛大阅兵，朝鲜进入金正恩时代

2012年4月15日这天，金日成广场，掌声与"万岁"声响彻云霄，随着"一号欢迎曲"奏响，朝鲜最高领导人金正恩出现在主席台，广场上"万岁"欢呼声和掌声雷鸣般响起。代表阅兵开始的号声响彻全场，军乐队奏响《金日成将军之歌》、《金正日将军之歌》，现场鸣放二十一响礼炮。

谁都没有料到，在刚刚被推举为朝鲜劳动党第一书记、国防委员会第一委员长三天之后，金正恩作为朝鲜最高领导人，首次且在众多世界媒体记者面前做了长达二十分钟的公开演讲。

以往，朝鲜最高领导人很少做公开演讲，朝鲜电视台在播放最高领导人视察等活动时也不播放领导人的讲话，而是配以音乐。

此次演讲，被视为是金正恩的施政演说，朝鲜自此正式进入金正恩时代。

金正恩表示，朝鲜现在正处于重大的历史时刻。朝鲜要永远坚持伟大领袖开创的"自主、先军、社会主义的道路"，争取新的胜利。他号召人民军永远跟随劳动党中央，遵循金正日的遗训，团结一心，以不败的信念，进行强盛国家建设，并发誓将"按照金正日的遗训在祖国和革命面前尽到一切责任"。

金正恩郑重承诺，"保证不再让朝鲜人民过紧勒裤腰带的日子，确保人民享受社会主义繁荣富强"。最后，以一句"向着最后的胜利前进"

结尾，金正恩挥舞手臂做了一个坚定的手势。话音刚落，广场爆发出雷鸣般的掌声，欢呼"万岁"，掌声持久不息。

嘹亮歌声中，阅兵式正式开始。在《领袖永远和我们在一起》、《将军将作为太阳而永生》等乐曲声中，护卫着金日成、金正日"太阳像"的朝鲜人民军旗队手举朝鲜劳动党旗、最高司令官旗、军旗等进入广场。

人民军陆海空三军、工农赤卫队及红色青年近卫队方阵，陆续登场。受检方阵首先以一个齐刷刷的高踢腿开头，踢腿高度基本齐腰，双腿交换期间基本处于腾空状态。骑兵纵队成员身披白色斗篷，左手扶鞍，右手握枪，通过主席台。据统计，当天阅兵式中受检方阵共一百个，象征着金日成一百周年诞辰。其中徒步方阵四十个，装备方阵六十个。

阅兵过程中，火箭炮、自走炮、主战坦克、无人机、导弹等装备方阵陆续通过主席台，接受检阅。而装备方阵的最后是六架涂成迷彩色的大型导弹，导弹直径两米，长将近二十米。

金正恩微笑着向受检官兵挥手回礼，并与左右两侧的最高人民议会常任委员会委员长金永南，身着白色礼服、刚刚就任人民军总政治局局长的崔龙海等交谈，脸上洋溢着自信的微笑。伴着五架米格—29战斗机冲上云霄拉出五彩，金正恩绕主席台一周，向现场各界群众挥手致意。广场上群众持续不间断地高呼着"金正恩"，很多人跳起来欢呼鼓掌。

阅兵式过后，阅兵车辆通过市内主要大街，受到沿途朝鲜群众的夹道欢迎。"太阳节"热潮从阅兵式的豪迈，推向街头巷里的群众欢呼和载歌载舞。

学生乐队奏响昂扬的军乐，身着节日盛装的女孩子热情歌舞。街道两侧，身穿蓝白相间校服的中学生们手持花束，欢迎参加阅兵式的海陆空三军。

军车一辆辆开过，军民相见如亲人的画面一遍遍上演，我镜头里连拍的瞬间，一张张生动的脸庞呼之欲出。能亲眼见到朝鲜人民拥军，军人保家卫国无上光荣的场景，记录下如他们所说的"仿佛看到强盛大国来临的那一天"，刹那间，我似乎读懂了先军在朝鲜人民生活里的重量与浓度。

焰火晚会、广场舞

为宣传金日成诞辰一百周年"太阳节"庆典，展现卫星发射的透明度，朝鲜罕见地邀请了来自全球三十多家主流媒体两百多名记者，密集组织一系列参观采访活动，在紧张局势中分出神来报道朝鲜人民的政治生活。

4月15日晚，大同江畔，一场焰火晚会即将上演。晚会开始前两三个小时，人们已早早来到江边等待。平常难以近距离接触朝鲜百姓的外国记者，见到堤坝上身着盛装、席地而坐的群众队伍，个个"如狼似虎"般，以拍不到、采不到绝不罢休的韧性，才不管朝鲜陪同人员的千般劝万般拦，纷纷攀爬上堤岸，要与普通百姓来个近距离接触。

不知是哪家媒体想出妙招，将长长的话筒高高吊起，伸向人群。话筒缓缓落下，恰好凑近一位中年男子，人群中爆发出鼓励祝贺的掌声，他大方起身，却也略微紧张地跳下看台，话筒正伸在他面前。接二连三地，媒体纷纷以"话筒钓鱼"式的方法"钩"上朝鲜老百姓，一位位姑娘、小伙儿走下一米来高的河堤看台，或扭捏或激动地，在外国媒体记者的镜头前,慷慨讲演。

"今天听了金正恩同志的讲话,感到热血沸腾,他是我们革命百战百胜的指针"、"非常期待焰火晚会,看到我们强盛大国屹立的雄姿"、"虽然没能现场观看阅兵式,但在电视上看到金正恩同志可亲可敬的音容笑貌,相信我们在这位绝代伟人的领导下,会赢取新的胜利。"

夜幕低垂,远处阵阵歌声响起,不知是谁先起了个调,坐等的人们陆续全都融入和声,一首接一首,像经过排练般整齐,歌声愈加洪亮,和着拍手节拍,大伙乐呵呵地朝镜头欢笑,快门咔、咔响作一片。

人群中,一位穿着绒布礼服的朝鲜老奶奶站起身,开始尽兴独舞,耸肩膀、翻花腕的一招一式,都那么抖擞矍铄。人们赞赏地为她鼓掌,一位外国记者高声赞叹:Wow, this is amazing, so incredible! (哇喔,这简直太棒了,神奇极了!)

当绚烂的焰火腾空而起,光火普撒天际,大同江对岸,主体思想塔的火炬在蓝紫色的天空下熊熊燃烧。四十分钟的焰火表演,寄寓了朝鲜人民期待新"主体"百年繁荣的憧憬。

第二天上午采访回来,我匆匆扒了几口饭,接到通知说下午1点集合。例行安检花了两个小时,下午马不停蹄地拍拍记记。活动结束后,朝方陪同说将直接前往金日成广场参加舞会。

"从来都是上了车才知道去哪,结束后才知道下面行程。"外国记者们开始议论,"没有晚饭安排,也不给留点时间自行解决哈。"嘴上虽这么说,却没有一人偷懒,下车后即争先恐后地突进,以占据最有利地形和机位,架好机器等待目睹传说中的朝鲜舞会是何模样。

等待中,塔斯社的记者尤里大叔同我聊天:"几十年的画像突然被摘掉，挺有意思的。"没错，我也注意到近期来广场上马克思和列宁的画像已被摘下，仅留有广场一侧的金日成画像。而此后经过半年的装修，广场主席台上正式树立起了金日成和金正日的"太阳像"，朝鲜提出在社会方方面面以"金日成金正日思想"武装全党全军全民的新口号。

晚上7点半左右，在《金日成将军之歌》乐曲声中，大同江岸畔焰火腾空而起，数万青年男女组成的五彩人潮从广场四周蹁跹飘临，瞬间拼出不同队形，欢快地跳起集体舞。男生身穿白衬衫系红领带，女孩子各色鲜艳华丽的传统服装，跟随歌唱金正恩之歌《脚步》音乐，变换不同的舞步。簇簇簇，簇簇簇……游船在大同江上悠闲往来，夜空中，不断绽放的绚丽礼花与江水倒映的光影交相辉映。

他们一曲一曲地跳下去，时间仿佛为他们而静而止，又为他们且流且动，不断变换脚步、招手、跳跃、挽腕、耸肩，整齐划一，挥洒自如又不露雕琢痕迹。广场中央搭建的舞台上，职业歌舞杂技纵然精彩，可吸引我目光的是这浩大的群众派对，细微到每一个个体分子。

看国内晚会，常常给人一种演给观众看的做作，仿佛歌舞的意义在于取悦别人而非自我沉醉。此前误以为凡"大"者，必与"空"相连，怕看到盛大台面聚焦处一张张空洞苍白的脸，怕宏大绚烂图景后实则是泯灭个人快乐、无视单体感情的集体主义弊端。眼前情景，纠正了我的认知，令我产生了急不可待地想要加入其中的感动。

逐渐开始有观众走下看台，外国使节、记者、游客纷纷加入派对，原先一组组舞伴解散，朝鲜青年男女主动牵起外国朋友的手，边唱歌边喊口号，开火车钻山洞、大圆套小圆，外国朋友跟着一起来，转圈、起跳、搭肩、振臂、反方向……外国记者惊叹："啊，这才是朝鲜的活力与风情！"

二、"向着最后的胜利前进"

金正恩在"太阳节"阅兵式上施政演说中最后一句,"向着最后胜利前进",瞬间红遍全国,平壤市大街小巷可见红底白字的标语"誓死拥卫"、"向着最后胜利前进",成为大型集会和人们生活中的流行语。

"最后的胜利",概括来讲,就是朝鲜的金正恩时代将继续坚持先军政治,加快强盛国家建设。尽管在外界不少人士看来,朝鲜仍然摆脱不了贫穷落后的面貌,朝鲜也并不忌讳自己的经济生产还较为落后,但金正恩治理下的朝鲜显然已经发生了不小的变化。这些新变化,加上朝鲜党政军民"建设强盛大国"的信念,以及金正恩这位年轻领导人所具有的国际视野与胆略,已经让人能够从中窥见到,未来的朝鲜必将会有一番与以往不同的新景象。

革命首都迈向世界级城市

时常可以见到热爱阅读的朝鲜人,在地铁里,在公园里,在路上,捧着大部头的书专心阅读。上前询问:"请问您这是在读什么书呢?"阅读者大多会自豪地说:"在学习敬爱的金正恩同志的新著作。"

将平壤建成世界性国际化大都市是朝鲜最高领导人金正日生前的遗愿。金正恩于 2012 年 4 月发表题为《按照社会主义强盛大国建设要求，对国土管理事业进行革命性转换》的讲话，提出要把平壤市建设成为"革命的首都、雄伟秀丽的世界级城市和先军文化中心"。按照金正恩的构想，作为革命首都的平壤，应有其独特风格。

初夏的平壤，看到的尽是四月芳菲过后的满眼青翠。整整一个春天，平壤市日日夜夜都在进行植树造林和土木建设。在采访中，"战斗场"上的群众说："我们积极响应金正恩同志的号召，努力将革命的心脏建设成为伟丽的世界性城市。"朝鲜全境的"战斗场"上，正进行各种公路施工、江川整治和堤坝维修。报道称，朝鲜将通过十年的绿化荒山等项目，将所有山地变为宝山。

"平壤CBD"仓田街上，儿童百货商店、洗衣房、音像店、药店及各类特色餐厅已陆续开业，然而仓田街并不算是真正意义上的朝鲜CBD（中央商务区），这里没有广告，没有金融机构、商务酒店，在高层居民楼下的繁华地段，设有中小学、幼儿园。商店门牌低调，日出餐厅、恩情茶社，成为朝鲜人和在朝外国人最爱去的咖啡厅和茶室。

如果说平壤的白昼，有干净整洁的街道，是一个松绿柳青的生态之城，那么夜晚的平壤，则是一个弥漫领袖气质的城市。"夜平壤"自有它的繁华，最发光的是标志性建筑、领袖铜像。大同江东岸矗立的主体思想塔，是朝鲜"主体"精魂的形象化外现。主体思想塔高一百七十米，比华盛顿纪念碑高出一米。夜里塔尖火炬烈焰翻滚，燃烧不息。不知出自何处的喇叭中传来女声播报。一名士兵暖暖地穿着棉服来回踱步，做夜的守护。

江对岸万寿台高岗上的领袖铜像，是国内外游客来朝必去的拜谒圣地，也是新人婚礼中的重要环节。铜像于2012年4月初新建完工，右手张开的金日成铜像北侧，增加了一座左手叉腰的金正日铜像。夜里登上万寿台高岗,仍有不少前来献花恭敬鞠躬的朝鲜民众,他们久久仰头凝视,为领袖敬献花束,离开时还一步三回头。

见惯了白天里人潮汹涌的金日成广场,每次置身其中都是与千军万众一起,站在观礼台下记者席上,记录整齐划一的群众集会、星火燎原火炬游行。平日里的广场之夜肃穆,冷静空旷。三四个滑旱冰的孩子,一两对牵手散步的夫妻。广场两侧外务省、农业省的门前,在灯光照射和葱茏绿树掩映下,恍然体味着上海外滩百年老店的情调。

朝鲜传统建筑风格的人民大学习堂、平壤大剧院、人民文化宫,在柔和灯光氛围中散发出古朴典雅的气质,王冠式白色溜冰场、霓虹斑斓的人民剧场、飞碟状杂技院等现代建筑造型奇巧,都会在晚上11点后随着这座城市进入休眠。彻夜长明的只有悬挂领袖画像的广场、灿烂发光的凯旋门、主体思想塔以及刻着"伟大的金日成同志和金正日同志永远与我们在一起"的永生塔。

"熙川速度"

"平壤居民已经高兴地用上了我们熙川水电站的电!"熙川水电站经理金秀吉说,原计划用十年建成的熙川水电站,以短短三年便竣工了。"熙川速度",成为朝鲜建设强盛国家"新千里马速度"的代表。

2013年6月14日,我们乘车沿蜿蜒的公路,在崇山峻岭中穿行,来到清川江上游慈江道西部山区,走访了朝鲜人民引以为自豪的熙川水电站。站在2号发电站的大坝上放眼望去,远处苍翠山岭间,"负责千年 保障万年"的标语分外醒目。

金秀吉介绍说,熙川水电站的建成有利于解决首都平壤的电力问题，保护清川江地区的耕地和居民区免遭水灾，保障熙川和南兴地区的工业和农业用水。熙川水电站现有1号、2号两座发电站，总装机容量30万千瓦，设计年发电量9.8亿千瓦，于2009年3月投建，2012年4月起开始向平壤供电。

在2号发电站内部，已故朝鲜最高领导人金正日的题词这样写道："我们无论如何都要建设熙川发电站，贯彻领袖的遗训，解决平壤市的用电问题。"据介绍，为解决平壤的用电问题，金正日亲自发起熙川水电站建设。他生前曾八次来这里视察，其中四次由金正恩陪同。

金正恩向一百户搬进新家的发电站员工们赠送彩电等礼品。朝鲜最高人民会议常任委员会发布政令，表彰为熙川水电站的建成做出贡献的五万多名人民军军人、建设者、干部和设计人员，向一百人授予"劳动英雄"称号，并向发电站设计人员授予"金日成奖"。

金秀吉表示，由于从4月开始朝鲜遭受五十年不遇的干旱气候，导致发电站水量不足，目前发电站只在早晨和傍晚工作，发电量仅达到平壤所需电量的20%。平壤目前一天的电量需求为60万千瓦，已建成的1号和2号发电站设计发电量能够满足平壤所需电量的45%。目前，3号至12号阶梯式发电站正在建造中，工程于2015年竣工后其发电量可望满足平壤所需电量的50%以上。

金秀吉说："发电站所有设备都由我们大安重型机械联合企业独立制造生产，军人建设者严格贯彻金日成主席和金正日将军的遗训，为强盛大国建设做出了重大贡献。源自熙川建设者'一鼓作气'的口号已经成为朝鲜各行各业军民生产建设者不屈不挠的精神力量。"

走向国际化的步伐

2012年以来,朝鲜积极对外资抛出橄榄枝:从每年两次的"平壤国际商品展览会",到罗先经济特区举办的"第二届罗先国际商品展览会",秋季派出大规模代表团和参展商参加在丹东举办的"中朝经贸文化周",中朝共同开发、共同管理两个经济区进入到实质阶段,朝鲜对外招商引资呈现出万马奔腾、全面出击之势。

2012年5月14至17日在平壤三大革命展示馆举行的"第十五届平壤春季国际商品展览会",是平壤走向国际化的一个侧影。作为朝鲜最大规模的国际商品展览会,展会吸引了来自朝鲜、中国、德国、英国、澳大利亚、意大利等十六个国家和地区的二百七十多家企业参展,展出机床、电气电子产品、轻工业产品、食品和医药制品、化学制品、运输器材等二千一百多种产品。

清晨时分,平壤春季国际商品展览会门外已是人山人海,大老远赶来参观的朝鲜民众踮起脚尖排队等候在门外,对每年一度的春季国际展会满怀期待。走进平壤三大革命展示馆展厅,高悬的标语格外醒目:"让每个人都成为科学技术的创新者"、"为强盛国家建设、解决科技难题贡献智慧和力量"。

大厅内,平壤广告公司、信用银行、合营公司等各色广告牌林立,大大小小的展台前挤满了人,显出与仅仅一墙之外的平壤街头截然不同的商贸气息。一层总面积达一千零八十平方米的"中国馆"展区,装潢精致气派,有来自北京、上海、重庆、浙江、山东、河南、湖南等十一个省市的一百五十余家企业,其中辽宁和吉林单独组团参展,将整个二层包圆儿了。

　　据中国展览团团长主任翁仁生介绍，中国馆以展示公司产品、塑造品牌形象为目的，新来参展的中国公司大都是生产变压器、压缩机、光谱色相分析仪等适合朝鲜市场的机电或建材类企业。平壤自2010年开始推进"十万套住宅计划"，提振了中国建材企业对朝鲜的出口。

　　第一次来参展的一家安徽外向型洗化企业经理对我表达了他的意外惊喜。他说："产品的受欢迎程度大大超过预期。第一天柜台展品短时间内即销售一空，希望通过展会找到代理商或合作伙伴。" 前来参观展览的一些朝鲜妇女表示，她们每年逛展会都会收获颇丰，一是开眼界，可以看到各国新奇的商品，二来也总会买到一些家电和日用品。

　　诱人的奥地利巧克力芝士蛋糕价格在每块1美元，排队品尝的朝鲜民众听说还有维也纳咖啡，个个绽放笑颜。奥地利投资商赫尔穆特介绍说，他已将朝鲜首家外国咖啡馆开在了位于平壤市金日成广场上的国家博物馆内。"我曾于2006年第一次随团访问朝鲜，发现这里商机巨大。我们作为奥地利的中型企业，成功抢占市场，并计划逐渐扩大经营范围，包括开超市等。虽然审批程序复杂、耗时长，但我很幸运地得到了朝鲜相关方面的支持。"赫尔穆特津津乐道地同我谈起自己在朝鲜的生意经。

　　欧盟商会展台前，门可罗雀，只张贴了几张广告宣传画。印尼小食品、蒙古伏特加酒、澳大利亚保健品是仅有的几家现货展台。我同波兰展台的外交官聊起朝鲜的投资市场时，这位外交官说，此次他们只是借助展会宣传一下波兰的国家形象，波兰和朝鲜尚没有实质性的贸易往来。虽然官方公布说有来自德国、荷兰、马来西亚、保加利亚、瑞士、英国、意大利、埃塞俄比亚、芬兰等十六个国家参展，但参展，并不就意味着有商品。

具有朝鲜特色的制药、手工艺品等展台，也吸引了众多外国商家和游客。在朝鲜著名的白虎画社前，一幅幅清新秀丽的朝鲜油画引来人们驻足欣赏，询价购买。

我再次遇到在长春东博会上采访过的朝鲜国际展览社社长金文正，作为老相识他热情地同我握手，说，平壤春季国际商品展览会是朝鲜开展对外经济贸易合作与交流的平台，朝鲜将坚持平等互惠原则，同外界进一步加强经济往来。

中国企业热情高

平壤一年中有春季和秋季两次国际商品展览会，鉴于采购季节因素，春季展会规模较大，秋季展会则相对较小。在2012年秋季国际商品展会开幕当天，朝鲜合营投资委员会首次召开投资说明会，为前来参展的外国企业详细介绍朝鲜投资环境。投资说明会设在高丽饭店，朝鲜合营投资委员会副局长崔光明介绍说，朝鲜具有稳定的政治环境、高质廉价的劳动力等优势。朝鲜的外资政策包括合营企业、合作企业及外商独资企业等形式，奖励外国投资科技开发、基础设施等企业，限制或禁止投机、超过环境污染标准浪费资源等行为，禁止教育、文化、保健、通讯及邮件等领域由外国独资。

"不仅如此，朝鲜已制定了二十多部外资相关法规并不断补充修改。"崔光明进一步介绍，《朝鲜外国投资法》保障外国投资者和外国投资企业的合法利益及经营活动。朝鲜已与二十八个国家签约投资奖励及保护协定，与十五个国家签订防止双重征税协定。对受鼓励的外国投资给予优惠政策，免除销售税、登记税、资本税，对投资经营用物资免除关税。

针对投资者关心的税率问题，崔光明在说明会上强调"朝鲜税金少，税率低"。企业所得税是结算利润的25%，罗先经济特区为14%，鼓励外国投资的部门为10%。合营投资委员会首次详细公布了"购买房屋和办公室的价格"：平壤地区70~180欧元（1欧元约合8.17元人民币）/平方米，其他地区55~155欧元/平方米，土地租赁费平壤地区为35~60欧元/平方米，其他地区7.5~50欧元/平方米。

说明会对外国投资者在朝设立企业步骤进行了详细说明。据介绍，朝鲜设有朝鲜对外贸易仲裁委员会等法律服务机关及朝鲜合营投资委员会等咨询服务单位。朝鲜目前共设有三十八家海外经贸代表部，所在地包括中国六个城市、俄罗斯四个城市及德国、巴西、印尼等国首都城市。

我注意到，参加说明会的听众大部分是中国参展商和投资者。说明会进行了现场问答，不少问题涉及如何改进工厂供电短缺、开工不足、从国内联系朝鲜相关部门电话打不通及办事效率低等问题。崔光明均如实地一一予以回答。

实际上，已经有一些中国企业开始了投资朝鲜的探索。对于中国企业的投资，朝方代表称热烈欢迎。2012年9月22日，中国海外投资联合会与朝鲜合营投资委员会设立在北京的投资事务所，签署协议共同发起"投资朝鲜专项基金"，基金以矿业为主要投资方向，规模为三十亿元。

辽宁昌平实业有限公司从2006年在朝鲜从事水产贸易。公司常驻平壤代表杨玉宝表示，对同朝鲜做贸易的潜力非常看好。他认为，比起需要大投入的矿业，做水产贸易见效快，虽然也会有风险，但总体收益还是多。朝鲜海产品天然无污染，产品丰富，西海岸大陆架天然条件好。他认为，朝鲜大部分企业还是很讲信用的，但应注意合作开始时就将合同条款细化，把各种可能考虑协商清楚，以避免后期出现双方各执一词的问题。

三、金正日逝世周年祭

金正日逝世百天追悼大会

2012年3月25日,周日清晨的平壤,一洗前日的沙尘阴郁,天高云淡。9点出发前往金日成广场,街上的车辆较往常还少,提抱花圈的群众,有组织地集体出行,队伍逐渐壮大,途径凯旋门,附近广场已汇集层层人群。

我们与塔斯社记者先在朝中社会合,随后驱车开向金日成广场。这是我第一次参加大型集会,做好了一切行动听指挥的准备。路上,数次被交警挥舞的小旗拦下,要求出示证件。几度绕道,终于在解放山《劳动新闻》报社门前,与在此等候的朝鲜外务省官员接洽。

初次谋面的外务省报道局陪同人员中,有一位仿佛与我熟识似的,走上前来打招呼:"你这刚来半月,就写了不少稿子啊。"原来,他们早已经在每天的动态跟踪中,熟悉了我的名字。

大伙就此把车停下,按要求将手机、车钥匙、打火机等一并交由朝方暂为保管,背着扛着沉重的拍摄器械,爬坡登岭,步行前进。3月的春日,风依然凛冽,沿路军人层层戒严,对朝方陪同和外国记者的证件一一细查,并要求记者打开相机,"试用"给他们看。军人态度礼貌却坚定,我们逐一配合检查,不多讲话。

大约步行十五分钟后，我们在人民大学习堂的东侧、金日成广场观礼台西门入口处停下脚步。经过严格安检（从安检严格与否可推断是否有最高领导人参加），终于进入金日成广场。

眼前黑压压一片、早早静候在此的官兵、群众，昂首站立，默默等待追悼大会开始。广场上安静肃穆，人们神情凝重，望向远方，没有交头接耳，没有小动作，更没人玩手机，只有专心等待，以及情绪的积蓄。

平日里经过的广场，因为有了整齐列队人群的存在，而显得格外宽广。四周建筑上垂下红底白字的朝文标语，书写着"围绕在敬爱的金正恩同志周围，团结团结再团结"，"以伟大领袖金正日的革命生涯和不灭的光辉业绩，照亮前路"。广场建筑物上，朝鲜国旗和"先军革命总进军"的旗帜映衬蓝天白云，阳光通透夺目。

经过近一小时吹冷风的无言等待，11点整，追悼大会开始。军乐团奏乐，全体默哀，随后，时任朝鲜内阁总理崔永林发表讲话，继而，朝鲜人民武装力量部部长金永春等三位发言人，都做了激情慷慨的演讲。"伟大的领袖金正日，太突然、太令人悲痛地离开了我们，"每位发言人都以这句饱含不舍之情的开场白，展开对领袖的追思。

"我们要跟着金正恩同志的领导，遵循金正日同志的遗训，使2012年成为复兴强盛的全盛期，和自豪的胜利之年，将社会主义强盛国家建设事业和'主体'革命事业进行到底。"

第一次身处情绪澎湃的朝鲜集会现场，喇叭里字字句句，比从前电视听到的，都格外令人振奋，那些平日里当成宣传稿看的，革命斗争的"超长复合朝文从句"，诵读起来是那么抑扬顿挫，适于讲演。

每位发言者都感情真挚饱满，断句、重音、声调，极富感染力。肃立的群众，总能在重要语意间隔，默契地不约而同、齐声、用力地响起山洪般的掌声，表示赞成和拥护。

记者们在外国媒体区（当天包括中、俄、日三国记者）拍摄，不得随意走动，所在角度其实完全看不到礼台上朝鲜最高领导人金正恩及其他出席者的全身。我的相机，最长焦距也只能够模糊看到他的脸，却捕捉不到表情。在相机上放大了看，金正恩时而低头默哀，时而目视远方。

远远望去，大同江对岸的主体思想塔的两侧，分别矗立着三排对称楼房，左侧建筑楼顶标语"一心"，右侧"团结"，遥相呼应。人群中，多位妇女边听演说，边以手绢拭泪，抽泣不止，她们深色大衣里，裹着朝鲜传统长裙，蓬松的沙料，长及脚踝；年轻姑娘们则更多的穿短裙，黑色或肤色袜子，脚蹬厚底粗高跟鞋，妆容用心；男人多以带毛领的皮夹克或棉衣御风，领口露出白衬衫蓝领带。集会是朝鲜民众生活中的大事，每个人都自然需要盛装打扮。而军乐团演奏的士兵们，身着单衣，却个个精神抖擞，仿佛身体里装有自热火炉。

近正午，远处二十一响致哀礼炮声后，外交官、军官将领和记者们，在朝方引导下，先从广场观礼台出口离开。刚从出口迈出，只听到正午12点的汽笛声响起，瞬间，一切动作和声音都定格凝固，行走的，开车的，谈话的，都弯下腰，军人们脱帽，朝着锦绣山太阳宫方向，鞠躬默哀三分钟……

人群逐渐从广场有秩序地散去，平日里空荡的大街，一下子有了穿流的动态，三三两两并肩挎着手臂行走的女孩子，在地铁站排队等车的长队，绵延整条路，稍稀疏的是一队军人，正在维持秩序。我们想找个饭店吃中饭，却跑了几家都不营业，"今天是哀悼日，所有人都出门哀悼伟大领袖金正日了。"

感受悲喜交织的周年祭

2011年漫天飞雪的12月，朝鲜前最高领导人金正日突然辞世，百姓"仿佛丧失了慈父和太阳"的悲痛天昏地暗，世界对朝鲜的未来投来无数问号。

一年后的周年祭上，朝鲜最高领导人金正恩同夫人李雪主及党政军领导人，拜谒锦绣山太阳宫金正日遗体，报告完成遗训、成功发射卫星的喜讯。一年来朝鲜军民对已故领袖的无尽思念，已化作对"主体太阳"金正恩的忠诚信念。

2012年12月17日清晨，天蒙蒙亮，浅雾里的平壤各地，沉浸在悼念将军（朝鲜人民亲切地称呼金正日为将军）逝世一周年的肃穆氛围中。金日成广场上回荡着《思念无边》如泣如诉的歌声和广播悼念词。

我们随平壤市军民、驻朝外交使节、海外侨胞等拜谒队伍，乘朝方提供的大巴车，前往位于平壤东北部的锦绣山太阳宫。途中，各界群众从四面八方络绎不绝，手持白花、神情凝重地走向市区万寿台金日成和金正日铜像、马赛克壁画，向领袖敬献花篮和花束，默哀悼念。晨曦中，热茶、医疗救护的彩色敞篷服务站，点缀了仓田街上如涌的人潮。

经过近一年的整修，实现广场"园林化"的锦绣山太阳宫，在金正日逝世一周年之际开放。与包裹得严严实实的外国友人不同，早已等候在广场上的朝鲜军民大多并没戴帽子保暖。

"是为了表示尊重吗？"我问，朝鲜陪同人员点点头说，"来到太阳宫，瞻仰领袖太阳光辉，我一点不觉得冷。"

2012年12月17日平壤时间10点半，朝鲜最高领导人金正恩从太阳宫二层主席台步出，军乐队奏响《将军像太阳一样永生》。朝鲜人民军总政治局局长崔龙海致辞说，锦绣山太阳宫的开放，将使朝鲜军民可以随时前往主体的最高圣地，"同大元帅们进行心灵的对话，进一步增进浑然一体的血缘纽带。"

仪式结束后，朝鲜各界民众纷纷前来拜谒，这是金正日遗体首度公开接受瞻仰。通往安放金正日遗体大厅的走廊，人民仔细端详着两侧墙壁上精致装裱的领袖照片，重温两位领导人生前在各地工作、视察时的音容笑貌。在瞻仰了两位领袖的汉白玉立像后，我随悄然无声的人群，走进安放着金正日遗体大厅。

面对安详地躺在水晶棺内的金正日遗体，朝鲜民众悲从中来，哽咽不止，很多人忍不住失声痛哭，边抽泣边对安详地躺在水晶棺里的将军遗体，诉说思念，绕场一周四度深鞠躬默哀，不少悲痛的妇女守候在大厅内久久不愿离开。

太阳宫内还展示了金正日生前视察用过的专列、轿车、游艇等革命文物和勋章。我看到，绿色外皮的专列内灯火通明，衣架上挂着金正日生前喜爱穿的人民服，办公桌上批示和未批示的文件，桌上摆着苹果笔记本电脑。墙上的电子显示屏上显示出金正日乘专列所访问过的国家。

正午12时，朝鲜全国汽笛长鸣，全体党员、人民军官兵和人民向着锦绣山太阳宫和首都平壤静默致哀三分钟。朝鲜中央电视台全天播放回忆金正日革命生涯的业绩，以及过去一年中金正恩深刻体察民意、多次亲自指导领袖铜像建设和太阳宫修建工作。一个月来，朝鲜电视台陆续上映纪录片《朝鲜以血泪诉说》、《千年万载竭诚拥戴伟大领导者金正日同志》，举办美术展览会，发行纪念邮票等追思活动。

17日,锦绣山太阳宫广场还见证了朝鲜人民军陆军、海军、航空与防空军官兵举行的誓师大会。三军官兵向金日成和金正日致以崇高敬意、发誓忠于最高司令官金正恩。

金正恩当天为修建锦绣山太阳宫作出贡献的人民军官兵和人民致感谢信,他在信中要求人民心怀金正日爱国主义,早日把弘扬政治思想强国、军事强国尊严的祖国建设成为经济强国,使朝鲜成为繁荣富强的社会主义强盛国家。

当外界热议金正恩执政一年来朝鲜的变与不变、政权平稳过渡时,朝鲜国内正通过完成对已逝领袖"遗训"和爱国精神的弘扬,完成军民团结誓死保卫金正恩威信的转变。

四、金正恩派直升机营救中国矿工

2012年的夏季，朝鲜遭遇台风暴雨袭击。据报道，6月至7月的台风和暴雨，导致朝鲜全国一百六十九人死亡、一百四十人受伤、四百人失踪。朝鲜平安南道、平安北道、慈江道、咸镜南道、咸镜北道等地区共有八千六百栋房屋倒塌或部分损坏，四万多户人家被水淹，二十一万多人无家可归，近百万亩农田被冲毁、掩埋和水淹，另有一千四百多栋教育、卫生机关和生产部门的建筑物被冲毁和水淹……

连续一周夏雨淅沥沥不停地下，清晨地面沾湿，午后云朵里洒出太阳雨，傍晚雨疏风骤连绵不绝，子夜又一阵瓢泼倾盆，大雨套小雨，雷雨阵雨交集，充沛的雨水来得急促有力。而首都平壤，一如其名，这片平安土地的排水系统格外坚挺，道路"秒杀"积水，雨停即干，唯有大同江、普通江水悄然间迅速上涨，江流浩荡远去……

9月9日傍晚，七名"衣衫褴褛"的矿工来到中国驻朝鲜大使馆汇报说，他们遭受台风"布拉万"侵袭，受困矿区，是朝鲜领导人金正恩特派直升机将他们成功营救回来，特意赶来向使馆汇报情况，并转达谢意。

得到消息后，我们第二天上午来到平壤两江宾馆，采访受困和被救当事人。大洋伟民国际合营联合矿业公司总经理吕仁浩，是位留着花白寸头的老退伍军人，他对我们讲述了这段患难见真情的灾难故事。

自 8 月 28 日台风"布拉万"过境侵袭朝鲜,当日,瓢泼大雨从下午 2 点至夜里 11 点,连续九个小时持续从天而泄,矿区宿舍楼在眼前逐排倒塌,矿车等器械设备被巨石砸毁冲跑,运矿钢轨拧作一团麻花,断电断粮、手机无信号。

年过六旬的吕仁浩,拿出他的"受灾日记",清楚地再现被困期间那既惊险而又温暖的一幕幕。这么多天我们和朝鲜同志同吃同住,中国人为救朝鲜炊事员险些身陷洪流,有中国矿工跌倒后脑勺磕破、因水土不服而水肿,朝鲜群众就拿仅有的医疗用品和稀缺的土方法悉心照料。

"受灾当时,所有衣物都被冲走,只剩下背心短裤,我们就和朝鲜兄弟借衣穿、合被盖。朝鲜人民军为我们送来一头猪和蔬菜,我们说不能收。我们还把库存的大米给七户村民送去……在这十三天里相扶相助,不分你我。"吕仁浩感慨地说。

据介绍,中朝矿工展开有秩序的自救行动。轮流值班查看灾情、多喝开水以防灾后疾病、统一保管好药品食品、想方设法同外界取得联系。

"9 月 2 日,暴雨渐小,我们派同志下山,步行六十二公里到咸兴市,通过固定电话与朝鲜合作方大洋会社和中国国内取得联系。"吕仁浩说。

丹东伟民国际商贸有限责任公司总经理蔡建民说,当他从国内听说矿区受灾后,立即想方设法从丹东运送救援物资,却苦于买不到来朝鲜的火车票和机票,好不容易在 9 月 6 日来到平壤。

"7 日,我乘坐朝鲜领导人金正恩派遣的直升机前往救援,但在抵达时才发现遍山洪灾使得矿区面目全非,根本找不到可停降之处。好不容易看到一块白花花的'陆地',哪知道那是块大石头,螺旋桨瞬间被打得粉碎,我们从飞机上栽落下来,飞机也彻底失灵。"蔡建民回忆说。

从报废的飞机上搬运下来的救援物资被发送到每一位受灾矿工的手里,获援后的他们开始筹划如何走下山去。蔡建民说:"听朝鲜同志说,金正恩元帅还会再派来飞机救我们,可我们怎么好意思再麻烦他,说我们可以自己想办法。但就在9号,又一辆客机飞来,最终将我们安全送抵平壤。"

据介绍,除一名留在矿区外,该公司返回平壤的六名中方人员已从10日开始,同朝方商谈着手重建事宜。"我们初步计划将山洞打开,这样原来上下山的运费就会大大节省,算是坏事变好事吧。"蔡建民乐观地说。

大洋伟民国际合营联合矿业公司自2006年在朝鲜投资建厂,中朝各持股50%,合同七年(在咸镜南道长津区开采钼矿)。在问到此次受灾后将如何规划时,蔡建民说:"在合作中双方相互尊重、相互理解,同朝方合作一直比较顺利。我们加大投资的信心和目标是不变的。朝鲜的确有商机,但也有诸如制度不接轨等诸多困难和挑战。企业家应该以一颗平常心来对待,而不能以淘金或暴发户心态进入,谨慎地按照法律办事,扬长避短,不投机取巧。投资朝鲜,还是要应具备足够的实力、耐心和体力的啊。"

吕仁浩说:"在朝鲜这片热土上,我们的志愿军曾洒下了热血,中朝友谊源远流长,这一次的亲身经历更是证明了我们是同甘苦共患难的兄弟啊。"

以"战斗姿态"抗旱救灾

自2012年4月起,朝鲜便开始持续少雨。朝鲜气象水文局表示,朝鲜正在遭遇五十年不遇的干旱。我在平壤感受干旱，整个5月没有痛快地下过一场春雨，只在5月末的早晨，有几阵仅仅地面沾湿的毛毛雨，这对缓解旱情无法起到实际作用。持续干旱对居民用水造成一定程度的影响，部分地区的水质也受到影响。在平壤市的城市和郊区，不时会看到提着水桶在水池、河渠打水的市民，在平壤市主要大街两旁，经常可以看到工人用水桶打水浇灌绿化带。

自朝鲜媒体对朝鲜旱情开始报道以来，国际媒体普遍予以关注，一来是五十年不遇大旱本身，二来由于朝鲜近一年来官方媒体如朝中社、《劳动新闻》等均设立了官网，多语种和多媒体的报道直接将朝鲜旱灾情况呈现给世人。美国和韩国媒体对朝鲜干旱情况的报道，除陈述事实外，还对干旱对朝鲜农业生产的影响进行分析，体现出国际社会对朝鲜"粮食问题"的重视与跟踪研判。

朝鲜属温带季风气候，常年有着偏海洋性的湿润，四季分明。比起很多中国的北方城市，在朝鲜并不觉得干燥。但相比较起朝鲜自身往年降水量，5至6月的降水明显减少。据气象消息说，干旱现象持续的原因是朝鲜东部海域北部的高气压势力不减，无法形成降雨。

时任朝鲜内阁总理的崔永林在视察黄海南道信川郡和安岳郡的农场时强调，劳动者应成为对国家"米缸"负责的主人，号召全民抗旱，及时完成插秧。朝鲜人一日三餐的主食最爱吃最常吃的就是米饭，因此朝鲜的粮仓就是"米缸"，米缸的概念就是粮食。

旱灾当前，朝鲜举国上下全民动员支援农业生产，大力寻找水源，提高水资源利用率。朝鲜内阁机关报《民主朝鲜》更以多篇文章报道抗旱进展，《将所有力量集中于同干旱作斗争》、《不浪费一滴水》、《已完成基本面积的插秧》、《每天都比计划多完成（插秧面积）》等文章见诸报端。

朝中社发表一篇《对帝国主义的粮食支配战略提高警惕》的文章中说，帝国主义者疯狂企图制造和扩大粮食危机，扼住人类的命脉，奴役别的国家和民族。现在，解决粮食问题不单单只限于吃的问题，而关乎能否捍卫主权和尊严抑或是被人奴役的重大问题。用别人的粮食是无法填饱肚子的。唯一的办法就是自给自足，倾注共同努力对付帝国主义者的挑衅。只有在本国的土地上，靠自己的力量好好种田，实现粮食自给自足，才是解决粮食问题的真正途径。

5月中旬，我随使馆外交官来到平壤顺安区宅庵中朝友好合作农场支农插秧，看到农民正在水田里辛勤劳作，大片的水田大约仅有三分之一完成插秧，剩下大面积还在劳作之中。插秧育苗"战斗场"上的农民说："今年从冬到春天气转暖的晚，但一下子热得快，比常年温度高。不利于作物生长。我们全体动员，彻底贯彻党农业生产的革命方针。"一片片水田"战斗场"，即是朝鲜全国团结一致，开展全民抗旱的缩影。流行语"向着最后胜利前进"成为每一块农田上最鼓舞士气的强心剂。

在"思想观念、斗争风气、生活方式全部按照'先军'的要求"、"无条件彻底贯彻金正恩同志的指示"等口号的鼓动激励下，各行各业的劳动者纷纷前来帮农。农忙季节，朝鲜各行各业都要去支援农业生产，经常能听到朝方人员说，本单位人员在农忙季节都要去支农。切实展现着"社会主义大家庭"的气息。

五、朝鲜劲吹体育热风

奥运金牌献领袖

对于朝鲜运动员来说,能够入选代表团参加奥运会本身就是一种光荣,如果能在奥运会上夺得金牌,那更是作为体育人一生都值得骄傲和自豪的资本。

电视画面上,从伦敦奥运会上载誉而归的朝鲜运动员含泪表达:他们在伦敦奥运会上取得令人惊异的成绩,是按照金正恩元帅的崇高意愿,在比赛中发扬爱国热情和不屈斗志的结果,将决心今后继续加强训练,以更多的金牌向世界显示朝鲜的英雄气概。

在2012年伦敦奥运会上,朝鲜很好地树立了自己的国际形象。朝鲜奥运代表团共获得四金二铜,在朝鲜国内引起轰动。安锦爱、林贞心分别在女子柔道52公斤级和女子举重69公斤级比赛,金银国和严润哲分别在男子举重62公斤级和56公斤级比赛中夺冠。后两人还刷新了世界纪录和奥运纪录。此前,朝鲜参加奥运会的最好成绩是1992年巴塞罗那奥运会,获得了四金五铜。

朝鲜奥运代表团乘飞机回国,受到平壤市民的夹道欢迎。下午3时开始,平壤市各主要街道,从莲池洞到龙兴十字街、凯旋门大街、仓田街等沿途数十里,聚集了数不清的群众,他们身着节日盛装、手捧花束，兴高采烈地欢迎朝鲜选手凯旋。运动员们从窗口中伸出头，挥舞着朝鲜国旗向群众致意。

2012年10月9日，朝鲜最高人民会议常任委员会发布政令，授予在第30届伦敦奥运会上获得金牌的运动员和教练员朝鲜"劳动英雄"称号。朝鲜运动员的最高荣誉是"人民体育人"。自1966年朝鲜发布最高人民会议常任委员会政令制定"人民体育人"称号以来，迄今为止共有二百多名运动员获此殊荣。

2013年9月，朝鲜体育人乔迁新居，入住普通江畔新建的高层住宅楼。据报道，这是金正恩送给体育人的礼物。家具一应俱全，还配有诊所、餐厅、洗衣店等便民服务设施。朝鲜劳动党中央书记金己男说，金正恩元帅期待朝鲜体育人奋发图强，体育部门干部、选手和教练，用金牌向全世界大力弘扬先军朝鲜的尊严和荣誉。由此，对朝鲜运动员在奥运会上夺得金牌后均喜极而泣且一致表示"把金牌献给伟大领袖和将军"，就不难理解了。

设"体委"打造体育强国

自从在伦敦奥运会上连夺金牌震惊世界之后，朝鲜在体育方面动作频频。2012年11月4日，朝鲜劳动党举行中央政治局扩大会议，会议决定成立国家体育指导委员会，统一负责朝鲜的体育工作。这在朝鲜历史上还是第一次。

"为了体育工作者，没什么可吝惜的。"金正恩在观看完闪电队和平壤队的女子排球比赛后这样说。比赛休息时间，金正恩会见了在伦敦奥运会上获得金牌的运动员和教练，以及参加决赛的两队足球选手、教练和裁判员，跟他们一一握手，并称赞比赛精彩，表示期待他们走在建设体育强国的前方。

新成立的国家体育指导委员会，由朝鲜中央政治局委员、国防委员会副委员长张成泽担任委员长，其他委员也都是党中央领导以及政府各部门的负责人，因此，朝鲜体委的"阵容配备"绝对"高端豪华"。

"体委"的具体工作包括推广大众体育、提高体育科学技术水平、培养体育后备人才、加强国家级体育训练、搞活朝鲜国内体育比赛、加强对体育工作的物质支持等。这一切都在表明"将朝鲜建设成为体育强国，是党坚定不移的决心"。

事实上，朝鲜从2011年就提出了"建设体育强国"的口号，并设定了发展目标。要提高全社会对足球的关心，在朝鲜掀起体育热，把朝鲜建成足球强国和体育强国。

朝鲜有着完善的运动员后备力量培养体系，各地都设有青少年校，同各中小学里的体育教师密切联系，选拔优秀体育人才，并按照年龄和心理特点制订训练计划。各体育队也担负着为国家输送体育人才的任务。朝鲜人民军"4·25体育团"、人民保安部的"鸭绿江体育团"以及铁道省的"火车头体育团"是朝鲜的三强体育团。

"体育在弘扬祖国的尊严、激发人民的民族自豪和骄傲方面，起着不可替代的作用。"金正恩说，并强调要加强体育大众化的普及工作，组织各单位、家庭及个人积极参加体育活动。

在平壤工厂、企业和学校的体育小组，工间操和集体跑步已制度化。每年9月和10月定为"人民体育鉴定月"，其间会举办按照年龄、性别等分组进行的比赛，对合格者颁发纪念章。朝鲜还鼓励开展以国防体育为主的运动，如爬山、投弹、渡河和射击等。全国的中小学校还设有足球俱乐部，对小球员进行强化训练。

朝鲜在体育上大刀阔斧的改革远不止硬件设施。冷战后的朝鲜因为较少参与国际事务，比如国际比赛，被贴上了"神秘"的标签。朝鲜电视台也极少有体育赛事直播，即便是已故领导人金正日最喜欢的世界杯足球赛，民众也只能看录像。但自2012年10月初，朝鲜电视新闻首次设立海外体育新闻栏目。德国足球职业联盟与朝鲜中央电视台签署了具有历史意义的电视转播合同，朝鲜从2012年9月开始转播德国足球（甲乙级）联赛。德国足球职业联盟总裁尤根·道比策尔表示，朝鲜转播德国足球不是出于经济目的，而是为了让更多朝鲜人了解外国足球。

最IN运动：排球、轮滑、骑马

自从2012年来，朝鲜许多体育设施不断新建改建，金正日体育场、平壤体育馆整修扩建，绫罗人民体育公园、羊角岛体育村、统一大街运动中心新建竣工，运动员和百姓可以享用桑拿等现代化设施。

在清晨，晨练的朝鲜市民在新修的社区健身场健身，各单位、学校广泛组织足球、排球、乒乓球、游泳等体育比赛。与需要专门场地的足球相比，排球对场地要求不高，男女老少均可参与，排球在朝鲜最为流行。在朝鲜各地经常可以看到人们在业余时间打排球，就连夏天去海边度假，最受欢迎的运动也是沙滩排球。朝鲜同志说，基本上每天中午同事们都会一起在打排球。

轮滑，是风靡朝鲜青少年和儿童的娱乐运动。平壤的大小广场，甚至街头巷里，从三四岁的"轮滑小神童"，到青年情侣牵手在真冰场上呼叫，不仅平壤、罗先、新义州、元山等地也都刮起一阵轮滑旋风，很多商店里都在出售轮滑鞋。

一个周末,我和驻朝外交官及英文外教,相约来到大同江畔新竣工的旱冰场。

在朝鲜,外国人出门身边没有朝鲜陪同人员,朝鲜人往往会觉得"奇怪"。在溜冰场售票处,几名外交官同管理员拉家常,说:"我们是常驻人员,不需要陪同,只是想体验一把溜冰。"

管理员说,需要请示上级。几分钟后,他回来说:"不好意思,下次再来吧,没上级指示我们不好做。"待我仔细问询,管理员才说,是电话打不通。

"没关系,我们等"。

等待过程中,溜冰场上,几个孩子主动同英文外教打招呼。原来正是这几位加拿大老师教的中学生。老师和孩子们在这里见到,彼此都喜出望外,用英文聊得甚欢。

不一会,管理员带着微笑和点头回来:"走,去换冰鞋吧。"

噢耶!我们的这次"单边"行动成功"破冰"。

这座旱冰场跑道面积近两千三百平方米,分为基本跑道和技巧训练场。我耳畔激荡着流行歌《瑞雪飘飘》、《一鼓作气》的旋律,看着飞驰的朝鲜青少年挑战高难度轮滑技巧……

外国人的加入让朝鲜孩子颇为好奇,他们先是试探性地跟在外国人身后,随后,开始和老外比赛速度。这帮外教的亲和力可不一般,不一会,从几个、十几个孩子簇拥,并且开始用英语和老外交流。欧洲外交官身后,孩子们拽着衣角,排起长龙,横竖变换,玩得不亦乐乎,就像中国的"老鹰捉小鸡"。场外,朝鲜家长也纷纷举起相机,记录下这罕见的一幕。

金正恩在2012年11月中旬视察位于东部的朝鲜人民军某部直属骑兵连训练场时，提出要将训练场改建为现代化的骑马俱乐部，使骑马运动成为一种风气。"现在人们都用电脑处理日常事务，很容易患'办公室病'，如果开展骑马运动，可以预防这种病。"金正恩说，他指出，要早日改建骑马俱乐部，向朝鲜人民献礼。位于平壤市郊的美林骑马俱乐部于2013年10月竣工。金正恩在视察时说，骑马是不受季节限制的运动，青少年和劳动群众可以尽情地在骑马俱乐部锻炼身体。他还说，今年新建了美林骑马俱乐部、纹绣戏水场、柳京口腔医院、玉流儿童医院等群众服务设施，"以后还要建设更多造福人民的设施，这是我们党的决心"。

体育交流无国界

在建设体育强国的构想下，朝鲜自2012年以来，在全国鼓荡起了一阵"体育热风"。朝鲜百姓都知道"元帅是体育迷，各种运动他都喜欢"，朝鲜也在通过体育交流打开外交突破口。

金正恩元帅偕夫人李雪主9月15日观看了2013年青年和成人级亚洲杯与俱乐部举重锦标赛成人级女子63、69公斤级比赛。金正恩表示，十多个国家和地区的优秀男女运动员参加的这次锦标赛，将是加强体育交流与合作，进一步发展举重技术的重要契机。

在此前一天，韩国举重选手金友植、李永君（音译）分别获得青少年组男子85公斤级的金牌和银牌，李再光获得青少年组男子94公斤级铜牌。在朝鲜国土上，首次奏响韩国国歌《爱国歌》并升起韩国国旗太极旗。

朝鲜方面在比赛报名期通知韩方，首次允许韩国代表团选手获胜时升韩国国旗、奏韩国国歌。韩国代表团成员共四十一名，其中包括二十二名运动员和十九名工作人员。举重锦标赛在平壤郑周永体育馆举行，分为青少年组和成人组，有来自韩国、中国、乌兹别克斯坦、科威特、印度、泰国等十六个国家的选手参加比赛。韩国运动员在抵达平壤机场后，纷纷拿出相机和手机拍照留念。"体育交流当然有利于南北和解合作。"一位韩国队员抵达平壤后对记者说。

2012年新建成的绫罗人民体育公园，坐落在风景秀丽的大同江畔，内有篮球、足球等专业比赛场地，以及休闲娱乐餐饮等便利设施。2013年，金秋时节，由朝鲜外务省组织，驻朝鲜外国使团和国际机构来到平壤绫罗人民体育公园举行体育竞技比赛。

经激烈的预赛和决赛，中国、俄罗斯和联合国机构分别获得篮球、足球和排球冠军，朝鲜外相朴义春为获奖团队颁发奖品。朴义春说，体育交流无国界，体育比赛加强了各国的友谊。朝鲜正进入体育全盛期，各地已经广泛兴建现代化体育文化设施。希望各使团和国际机构借此机会，更好地利用平壤新建的体育设施，达到锻炼、交流、促进了解和增进友谊的目的。

这次体育比赛还设有拔河、双人套圈跑等趣味比赛项目，驻朝外国人不分国家地区、男女老少，踊跃参与，气氛热烈。体育比赛后，人潮涌到美食节现场。各国使馆献上风味美食，中国饺子、古巴烤肉、叙利亚甜点、朝鲜打糕等等，琳琅满目，美不胜收。人人笑逐颜开，在秋阳下享受着免费的"全球化"午餐，畅叙友谊。

六、第一夫人"雪主气质"

朝鲜领导人的夫人一般不在公众场合露面,几乎成了不成文的规矩。而金正恩在全面接班仅七个月之后,即偕同夫人频频出现在公众场合,打破了过去的"惯例",展示了朝鲜在金正恩时代的开放姿态。

关于金正恩和夫人李雪主的婚姻生活,有出席活动时两人亲密同行的照片为证。美国篮球明星罗德曼,在离开平壤时,对记者说:"金正恩人很不错,他非常非常爱他的妻子。"

李雪主的首次公开亮相是在2012年的7月6日。当天,新组建的"牡丹峰乐团"举行示范演出,李雪主坐在金正恩旁边,其端庄大方、举止有度的形象,立即引起国外媒体的关注,议论纷纷,猜测不断,称其为"神秘女士"。

随后,金正恩于7月8日参拜锦绣山太阳宫及14日视察平壤庆上幼儿园时,均有这位"神秘女士"陪同,两人之间频有互动,默契十足。在向总社传送朝中社提供的照片时,我都特意挑有这位神秘女士的合影照片,以满足媒体和读者的好奇心。7月25日,朝中社轻描淡写地在一则视察报道中说:"朝鲜最高领导人金正恩元帅偕夫人李雪主……"读到这句话,我立刻捕捉到这一新闻点,第一时间发出中英文报道,"金正恩偕夫人李雪珠出席平壤绫罗人民游乐园竣工仪式"。

在抢过发快讯后,朝中社的中文网络稿中却将第一夫人的名字译为了"李雪主",对此,甚至还有某国通讯社驻北京的记者打来电话向我询问:"奇怪了,请教到底该是哪个字?" 原因在于,朝鲜或韩国女孩子的名字中,多用"珠"字,而"主"字则常用在中间。而第一夫人的名字缘何译为"主"字呢?难怪有人要"求正解"。

我向朝中社外事处打电话求证,被告知"尚未得到外务省方面指示,可先以朝中社翻译为准"。

作为中国官方媒体,新华社是有一套约定俗成的译名规范的。通常,在朝方没有提供确切朝鲜人名字的汉字翻译时,按照惯例,译法通常由新华社和使馆政治处共同商议决定,其他媒体报道时则以新华社为准。使馆领导也表示:"坚持新华社的译法。" 因此,在朝方对第一夫人汉字名的问询做出正式回复前,几个月里我们均译作"李雪珠"。

李雪主首次亮相后,第二天朝中社网站上,展示出金正恩同中国驻朝大使刘洪才并肩乘坐"回旋翻转秋千"的场景,以及金正恩夫妇与外国使节握手、轻松交谈、开怀大笑的画面,这显然是一次精心策划的亮相,是借欢乐的游乐园之行,自然地让第一夫人登场,同时与各国使节沟通感情。

在同朝鲜民众聊天时了解到,普通民众对李雪主的美丽大方非常欣赏和喜欢,表达出对最高领导人家庭幸福、生活祥和的祝愿。如今,朝鲜第一夫人李雪主大方得体的衣着风格和干练的短发,已成为朝鲜女子学习的时尚"榜样",与金正恩亲自组建的牡丹峰乐团姑娘们的妆容服饰一样,成为朝鲜的时尚风向标。

金正恩偕夫人李雪主公开亮相,被韩国媒体解读为"朝鲜即将进行某种变革"的信号,对此,朝鲜祖国和平统一委员会(简称"祖平统")

发言人7月29日表示,所谓的"朝鲜显示出政策改变的征兆和改革开放"是无稽可笑的,朝鲜一切政策旨在继承和完成金日成、金正日的思想事业,不会有任何变化。这是朝鲜公开明确否认"改革开放"一词,然而却并不否认"变革"之说。

2012年10月30日,可以推定李雪主怀孕的照片首次被公开,在金正恩夫妇观看牡丹峰乐团表演时,身着卡其色大衣的李雪主的腹部明显隆起。之后在迎接金正日逝世一周年的12月17日,出席锦绣山太阳宫开放仪式时,李雪主身着朝鲜民族服装的黑色丧服,依然掩盖不住较之前进一步隆起的腹部,被外界广泛推断为临近生产。十几天后,就在2013年元旦跨年音乐晚会上,李雪主身着红黑条纹的连衣裙,以"消瘦的身形"惊艳亮相,被推断已经生产。

然而,朝鲜方面始终未对李雪主怀孕和生产的传闻有任何回应。当我问起朝鲜朋友:你注意到李雪主同志的这一系列变化了吗?朝鲜民众的态度比较含糊:"仔细想来,好像是这么回事哈。"

在朝鲜,从官方到普通民众对领袖个人生活及其家庭成员的情况都是只字不提,他们认为,私下谈论领袖的家庭生活就是对领袖的不尊重,因而他们对于外媒随意猜测报道最高领导人的私人生活亦非常反感。

但关于李雪主已经生产的消息被美国篮球明星罗德曼公开证实,且明确地说:"金正恩很喜欢他们的可爱女儿。"我将此爆料分享给朝鲜一些朝鲜姐妹。她们的反应大大出乎我的意料。

"啊,是个女孩啊,要是男孩就好了……"

"为什么?"

"这还用问吗?革命血统,世代相传啊。"

自 1948 年 9 月 9 日,朝鲜民主主义人民共和国建国以来,朝鲜官方媒体正式公开报道的"第一夫人",除李雪主外,仅有金日成主席的原配夫人、金正日的生母金正淑。

金正淑生于 1917 年 12 月 24 日,于 1949 年 9 月 22 日逝世,是朝鲜著名的抗日女英雄。朝鲜媒体曾大量并详细地报道金正淑的革命活动,官方媒体在提到金正淑时一般称她为"抗日女英雄金正淑母亲",并将金日成、金正淑、金正日合并称为"白头山三大将军"。现在朝鲜许多单位名称前都冠以金正淑的名字,比如"金正淑托儿所"、"金正淑平壤缫丝厂"等。朝鲜百姓对金正淑的革命事迹也都如数家珍,比如同你讲述她曾在一次战斗中为保护金日成,以身体阻挡敌人射向金日成的子弹,称她是"金日成同志最亲密的战友"。

1994 年金日成主席逝世,金正日成为国家最高领导人,但是朝鲜媒体从未正式报道过金正日的个人生活和夫人的相关信息。有关金正日的婚姻情况只有外国媒体,尤其是韩国媒体作过报道。

英雄母亲　女人是花

在中国,我们说女人是半边天;在朝鲜,人们歌唱女人是花。朝鲜女子既淑美又能干,"先军"的女子刚毅坚强,吃苦耐劳。"女人是花,为家庭付出辛劳,亲爱的妻子和姐妹,若没有你们,生活会变得残缺不全……"这首《女人是花》,是我在朝期间学会的经典流行歌,不时哼唱两句,心情即刻欢快明艳起来。

金正恩执政初年,每逢节日必大庆,4 月建军节、6 月少年团节、7

月战胜节、11月母亲节，一系列大型庆祝活动接连不断地举行。每场活动，金正恩或亲自参加，或发出贺信，或同与会者合影留念，展现出一个全方位的、一呼百应、亲民爱民的国家领导人形象。

金正恩将2012年的11月16日定为母亲节。此前，朝鲜曾在1961年、1998年和2005年不定期地举行过三届母亲节。朝鲜主流媒体早从一个月前就开始渲染母亲节的喜悦气氛，倾全社会之力赞颂"为先军国家建设奉献青春、培养英才的母亲英雄"。

通常，母亲节是过给自己的母亲的，而朝鲜的母亲节，是过给整个社会、国家和党的。母亲节期间，所有要闻和话题都围绕于此，全国上下一致庆祝，没有比这更重要的时事了。"这是全国的政治大事件，是歌唱给母亲党的歌。"在同朝鲜女盟的姐妹们聊天时，她们如此说。

母亲节这天，我随使馆大巴车前往郑周永体育馆观看银河管弦乐团母亲节演出。在外国宾客到来前，朝鲜群众早已有秩序地入席，今天全场都是光荣的母亲。开场前，母亲们有组织地细声哼唱起《将军，您在哪里》。

音乐会上，《嫁到农村来》、《我的父母亲》等歌曲一次次将现场气氛带入互动高潮。合着朝鲜民乐的韵律节奏，即有人闻歌起舞。渐渐地，从一名两名三四名，到全场各个角落，母亲们纷纷站起身来，抬起弧形"乔高丽"（袖管），长长短短地摇臂耸肩，上下飞舞。朝鲜能歌善舞的民族性，与思想开放与否无关。

来自全国各地参加第四届全国母亲大会的母亲中，有平壤金万有医院的医生尹善姬，她先后收养数十名孤儿，将他们培养成为为国家繁荣富强做贡献的骨干。有来自科学家和军人家庭的劳模母亲，也有生养了十个孩子的英雄母亲。

席间,遇到干练的朝鲜女盟副委员长,也遇上庆上幼儿园园长。她们均作为母亲代表,邀请来到主席台就座。"母亲节快乐啊!"我向这几位熟人招手祝贺。

我身边坐着朝鲜女盟和对外文委的景心姐姐。女盟是朝鲜的重要政治组织,组织妇女生活。景心姐姐对我说:"我们现在的任务是要广泛宣传,让女性多生育、培养孩子,为保卫和建设祖国做贡献。"

"这就是国情的最大不同吧。"我点头,小声请教说,"朝鲜人怎么避孕呢?"我知道,朝鲜的超市百货里,是没有避孕套避孕药卖的。

"男人想办法就是了。"景心姐姐笑笑对我小声说。在朝鲜,没有影视、书籍介绍宣传性知识,少女们的常识通常都是在订婚后从母亲那里学来的。

哦,我懂了。难怪朝鲜称呼少女的发音是"处女"。尽管最开始时对这种称呼很不习惯,现如今我对被称作"处女"已习以为常。朝语中的"处女",就是指未婚的年轻女性啦。

七、"世无所羡"的先军少年

在朝鲜,学校往往有特定的标志。凡看到街道两侧建筑物上有"为朝鲜而学习"的字样,就知道一定是中小学校,幼儿园门挂写的是"我们最幸福"、"世无所羡"。的确,朝鲜学生只在上午上课,下午在学校或少年宫参加"第二课堂"的兴趣小组活动。朝鲜青少年歌唱着"世无所羡",从幼儿园到高中毕业。朝鲜实行义务教育,学费全免,学生就近入学,没有过重的升学压力。

为了切实感受朝鲜最高领导人金正恩执政以来的"把实施十二年制义务教育作为全国、全民、全社会共同的事业",我走访了数家朝鲜义务教育的普通学校。

我来到平壤一所普通中学龙北中学了解朝鲜的中学教育。据校长介绍,中学生除了接受课堂教育外,还要学习职业和技术基础课,比如给女学生开设家务、料理课程,给男学生开设机械修理、驾驶课程等,此外学生还必须参加一段时间的生产实践。在平壤市内,经常可以看到在街道旁参加义务劳动的学生,拔草、刷树墙、擦洗领袖壁画。

据了解,普通中学的大学升学率在百分之六十左右,在龙北中学的一百三十名毕业生中,大约有八十名可以考上大学,约四十名入伍参军,十名左右进入社会岗位。"我们国家实施先军政治的领导,当过军人的男人才算真正的男人,否则将来找对象时女孩子都不会正眼看一眼的。"

朝鲜学生在完成义务教育结束后有三种选择：当兵、上大学、参加工作。据了解，大学毕业后仍志愿参军的，服役期是三年。而高中毕业入伍的服役期为七年，军人和工人均可在职报考大学，考试时间设在每年8月份，考试难度低于次年2月份的"高考"，报考者可选择两所大学填报志愿，录取后，国家将集中组织进行半年的补习培训，再同应届生一起于3月份升入大学。校长说："先读大学后参军，或是先参军再读大学，两种道路可以自由选择"。

"是！要勇敢地消灭敌人！"学生们异口同声地高声回答，在龙北中学的历史课上，我看到了一幕热烈互动的历史教学场景。学生们穿着深蓝色"正日"装，聚精会神地听老师讲故事。历史老师身着传统民族服装，声情并茂地带领学生，边看投影仪上的卡通动画，边提问题。整堂历史课，学生们纷纷举手抢答，学习气氛浓郁。

朝鲜学生随时随地都能学习历史。朝鲜的历史教育强调以"主体"思想为指导，"主体"史学观影响下的历史教育特点鲜明：悠久的古代史、遭受列强欺凌的近代史、代代相传的当代史。

参观朝鲜中央历史博物馆时，我注意到，博物馆正厅墙上醒目地装饰着金日成语录——"世界上的国家和民族虽多，但像朝鲜这样，在一片热土上发展了悠久历史和文化的单一民族绝无仅有。"在朝鲜，历史学习的重要目的就是增强学生对国家和民族的自豪感和归属感。

讲解员用铿锵有力的语调为学生们讲述着墙上的油画："1866年，朝鲜人民击沉了美帝侵略船'舍门'号，拉开了近代史的序幕。中间这位抗击侵略的英雄就是金日成主席的曾祖父金膺禹。朝鲜人民的反日民族解放运动自从受到金日成主席的父亲、不屈不挠的革命战士金亨稷先生的领导,才在民族自主的旗帜下走上了正确的发展道路。"穿着整齐校服的学生们一排排站在他对面,仔细地倾听。

"朝鲜的近代史,从领袖金日成的曾祖父金膺禹、祖父金辅铉、父亲金亨稷,再到金日成主席、金正日将军、革命继承者金正恩元帅,革命伟业,代代相传……"讲解员细数金氏六代革命世家。在一切场合,朝鲜学生都能学习历史。

万景台革命学院

一排排十几岁的"娃娃兵",高抬腿踢正步,高唱铿锵有力的进行曲,队列行进虎虎生风。在平壤市郊风景秀丽的金日成故居万景台附近,坐落着培养延续朝鲜革命血统的特殊教育机构万景台革命学院。

如普通中学一样,万景台革命学院大门上写着"为朝鲜而学习"。牡丹峰乐团美少女全新演绎的老歌《学习吧》,让人们对朝鲜的学生时代有了感性认知,而金正日提出的"高举为朝鲜而学习的口号,学习再学习",更是挂遍学院的教室。

作为友好国家的记者,我有幸被破例允许探访了这个多少带点神秘色彩的"朝鲜高干的摇篮"。这所学院是一所九年制军事学校,只招收朝鲜"根正苗红"的革命后代。

对于传说中万景台革命学院为朝鲜"高干子弟学校",只招收"党中央副部长级以上高层干部"子弟的说法,朝方人员摇摇头回答:"这是一所给失去父(母)亲的孩子以伟大领袖父爱的学校,并非高干子弟学校。"

"我志愿到军事分界线去保家卫国,毕业后像父亲一样做一名优秀的军官！"学院九年级的学生朴革哲说。九年前，那时朴革哲九岁，他的父亲在军事分界线的前线牺牲，他十岁进入这所学院学习。毕业前最后一年的军营锻炼，他选择了父亲当年所在的部队。

万景台革命学院前身是金日成中学，成立初期名为"平壤革命者遗家属学院"。1947年开始招收第一批学员，专门接收抗日烈士的遗孤，其中不少孩子的父母是金日成主席的战友。

"学生中，一是抗日战争中牺牲先烈的子孙；二是社会主义建设中做出突出贡献的功臣的儿子；三是在军事分界线等前线部队冲突中阵亡、为保家卫国献出生命的英雄的儿子。"朝方讲解员姜敬心介绍说，"烈士遗孤在物质上和精神上，受到金日成夫妇极大照顾，学子被当作金日成主席、金正日将军的孩子一样抚养。"

金日成主席生前视察万景台革命学院一百一十八次，金正日将军视察了九十三次，金正恩元帅也已经视察过两次。"学校学员的制服样式由金日成主席首肯，沿用至今，袖口处的'人'字下，三条短红带象征着万景台血统代代相传，裤缝处的长红带象征着革命传统延续不断。"

据介绍，金正日将军童年时曾被送到这里，和革命烈士遗孤共同生活了一年的时间，他在这里的故事，在朝鲜家喻户晓。姜敬心指着墙上的老照片说。照片里是幼年的金正日和妹妹金敬姬与同龄的烈士子女的合影，照片摄于1953年4月15日。陪同采访的朝中社同志惊喜地望着老照片说："哇，总听说将军在这里的故事，这些珍贵的照片还是第一次见到！"

学院学生毕业后可以根据个人志愿，选择到金日成军事综合大学等高等院校深造，之后多进入朝鲜党、政、军部门，多数担任军事干部。"现在人民军队的核心，大部分是万景台革命学院培养的学生。"

学校外事部副部长赵正浩骄傲地说，该学院堪称培养朝鲜党政军高层的"摇篮"。

当问到朝鲜现在领导高层中有多少出自这所学院时，赵正浩上校表示："太多了，数不清。"记者列举出一些朝鲜高层干部的名字来，他心中有数地或点头或摇头。不过，在学院的历史沿革室内，并没有介绍从这里走出去的优秀毕业生，陈列的全部是朝鲜最高领导人的视察经历。

赵正浩上校介绍说，万景台革命学院为九年学制，一年级至六年级相当于朝鲜义务教育的初中和高中，七年级开始接受初级军事培训，涵盖海陆空三军。九年级时分配到一线部队过一年军营生活。该学院现有一千余名学员，招收十岁至十九岁的学生。学院教师全部由各界专家担任。

在电子图书馆，剃着短发的学生们正安静地用电脑自习，桌角放着帽子，其中一名学生正在投入地阅读一本纸质暗黄的革命教育材料，名为《抗争即活，投降必死》。

据介绍，金正恩2012年致信万景台革命学院时，要求"加大外语课程教育力度，使学员学会一种以上外语并能进行会话"，并在视察时要求对学院的体育馆进行重建，对操场跑道和草坪要翻新。采访中我看到，操场已新铺了橡胶跑道，种上了新草坪，而体育馆也正在施工重建中。

经赵上校的特别优待，我参观了学校坦克模型、飞机模型和游艇模型演示教室，一名教员亲自上阵做示范："这些都是真枪实弹改造的，用于教学演示，好让学生清楚机械构造和操作原理。"

在采访中，赵上校再三强调说："我们不是军事专门院校，只是在提供给学生最高的义务教育基础上，再教给学生一些基本军事知识。学生可在毕业后根据自己的兴趣爱好，选择专门领域继续深造"。

在地理教室，有朝鲜地形沙盘，墙上贴着朝鲜地下资源图、水产图、矿山图等。在生物教室，上千种动植物标本中，相当一部分是金正日将军作为礼物，专门从妙香山国际友谊展览馆移送来的。为了学院学生接受最好的教育，由各界专家担任学院教师，任职期间全部享受军官待遇。

下午的校园静悄悄，除了修整篮球场的工人外，只有三三两两的学生在帮忙搬运水泥沙袋。原来高年级的多数学生都参加将于7月27日（朝鲜停战协定签订日）举行的阅兵训练去了。

"今年的'7·27'是祖国解放战争胜利六十周年大庆，全国上下都在准备好好庆贺这个值得纪念的日子。我们会努力学习，做敬爱的金正恩元帅父亲的忠诚卫士！"一名身穿军装校服的"娃娃兵"铿锵有力地对记者说。

朝鲜的学校通常隶属教育省，而万景台革命学院则由朝鲜人民军军事教育局直接管辖，学生们全部生活费用由国家供给。我来到学生宿舍，宿舍地板一尘不染，床具整洁，两张一米宽的单人床拼在一起，共六组，除了十二张床外，另有两组暖气片和一台壁挂电视，没有衣柜、桌子等家具。

"金正日将军在视察时说：'我们的孩子还太小，将床拼在一起会比较好。'这些细节体现了将军对孩子的关爱。"赵上校边介绍，边带记者到隔壁的上下铺宿舍，这是一个二十六人共享的上下通铺，上下各十三个一米宽的床铺，干干净净的毛巾被叠得整整齐齐。

学院的学生早晨6点起床，先做早操半小时，洗漱后，从8点15

上课到下午 1 点半,同朝鲜所有学校一样,下午不上课,学生自习,晚上可以看电视,集体活动。学生一年有十五至二十天的休假,其余时间都在学校。

"不是孤儿的孩子,想回家了怎么办?"我问。

"家人可以来看望,不过这就是他们的家,在这里有领袖太阳般的父爱关怀,学生们过着世无所羡的生活。"朝方陪同人士回答。

2012 年金正恩元帅在视察学院时,看到学生们没戴手套,他马上问道:"天气这么冷,怎么没戴手套呢?手不冷吗?"并抓住学生们的手,亲自为流泪的学生拭去眼泪。能够受到领袖此般对待,在朝鲜人看来是无上的荣耀,凸显了领导人对万景台革命学院的高度重视。

自 1954 年起,万景台革命学院就只招收男生,原因是"他们被领袖寄予传承革命血脉的厚望"。而位于南浦地区的康磐石革命学院(康磐石是金日成主席的母亲),则成为朝鲜的另一所专收失去父(母)亲的女孩子的革命学校。"在建校校庆等重大活动时,两个学校之间会有交流。"

在 2012 年 10 月庆祝万景台革命学院建校六十五周年之际,金正恩指出,学院的基本任务是把所有学员坚决培养成为坚定继承万景台血统、白头山血统的"先军"革命的支柱和核心骨干,把学员培养成为掌握高科技知识的革命人才,并千方百计拥护党和领袖的权威,誓死捍卫党和领袖。

八、"以征服宇宙的气魄"建设经济强国

2013年辞旧迎新之际，朝鲜人民几乎没想到：2012年12月31日夜里11点许，正当电视机前的朝鲜老百姓准备关掉电视机休息时，突然发现平日晚间电视节目已经结束的电视台即将直播一场盛大的焰火表演；2013年1月1日，正当人们打算上街买报纸，一睹三大主流报纸的元旦联合社论时，朝鲜最高领导人金正恩出现在电视上，通过电视和广播向全体人民致以元旦致辞。

金正恩在致辞中说，朝鲜去年12月12日成功发射了第二颗"光明星3号"实用卫星，"充分证明了朝鲜空间科技高水平和整体国家实力"，提出要把"以征服宇宙的精神气魄开创经济强国建设的转折性局面"作为今年朝鲜党和人民高举的斗争口号。

最高领导人元旦致辞这种形式，秉承了金日成主席生前一直延续的习惯，而金正恩在致辞中提出"2013是朝鲜创造、变革之年"，强调要在建设经济强国和提高人民生活水平方面实现决定性转折，更是引起了外界的普遍关注。

在"新年执政方针"中，金正恩提出，要在今年经济强国建设和提高人民生活中实现决定性转变，积极扩大生产，提高人民生活；巩固煤炭、电力、冶金、铁路运输部门的优先地位，夯实经济强国跨越性发展基础；提高农业生产的科学化、集约化水平；切实保障轻工业原材料供应，为人民生产更多优质消费品；大力搞好畜产、水产和果树栽培，进

一步改善和丰富人民饮食生活。

在新年新变革的气氛中，朝鲜各地街头挂起红色标语："创造变革之年"、"朝鲜走向世界"、"一鼓作气"、"突破最尖端"等等，各媒体持续报道劳动者们对贯彻新年纲领任务而开展火热的生产建设、增产竞争的事例。"以征服宇宙的精神气魄开创经济强国建设的转折性局面"，成为2013的"朝鲜Style"。

金正恩志在将朝鲜建设成为"经济强国"，确保人民享受社会主义的富贵荣华，而其建设经济强国的方式，是朝鲜式的。如他强调说，朝鲜党和人民前进的道路不会改变，只有一条"主体"的道路，朝鲜将以"我们式、金正日将军的方式"建设社会主义强盛国家。在措辞上，朝鲜人使用"变革"、"革新"却不用"改革"、"变化"，"变革"的英文，由朝中社翻译为"Change"，不是"Reform"，与"Change"对应的朝语，朝鲜人从不用"变化"一词。

2013年5月初新建开业的海棠花馆，成为平壤集购物、餐饮、健身、洗浴、按摩、美容等项目于一体的"消费圣地"。按摩30美元、游泳15美元、汗蒸5美元，价位比其他地方贵出50%。

比起海棠花的高消费，街对面的柳京苑的价位更大众惠民：桑拿5000朝元（按市场汇率约合5元人民币），乒乓球1000朝元，洗澡只需100朝元。这里成为了平壤百姓最爱去的休闲场所。

有了海棠花馆的竞争，此前平壤最高端的大同江外交团会馆也采取了新的营销策略，以吸引客源。以往只对外国人每周三、五、六开放，对朝鲜人每周二、四、日开放的游泳馆，6月中旬出台新规定显示：朝鲜人与外国人不再受时间限制，均可"混泳"了。最初开放"混泳"时，泳池的朝鲜服务员还会要求朝鲜人和外国人分开泳道，后来渐渐也就放任不再管了。朝鲜人中，不乏配备了专业潜水工具的高富帅、身着大尺度泳衣的白富美。

有分析认为，平壤百姓的"敢花钱"与荷包鼓起来不无关系。美联社报道："一位政府经济学家说，朝鲜放宽对工资的限制，这勾勒出朝鲜政策上的变化：为促进生产，给予企业向员工提供经济奖励的自由。"

朝鲜政府放松对企业面面俱到的管控，企业可自主给员工发工资？对于此说法，多数朝鲜百姓的态度是"不知情"，表示"社会上流传着这种说法，但是否已经实施还并不清楚"、"听说了，但好像只是开始试点吧"。

对此，朝鲜社会科学院经济研究所的李基松（音）教授介绍说："从2013年4月1日起，朝鲜政府已经允许企业管理者为提高生产效率而向劳动者支付更多薪金。企业给工人工资多少，主要按其表现来划拨。"

新政策下，朝鲜企业可以在上缴利润、留下供企业持续运营的资金之后，将剩下的钱自主安排给工人开工资。据了解，此前朝鲜员工的工资均由国家来分配，企业无权决定。但以"奖金"的形式对多劳者给予奖励，已有较长一段时间了，奖金数额度甚至高于工资，并多以外币的形式发放。

悄然变化的，还有从2012年起，朝鲜对农业领域开展的调整措施：给农民更多自主权，允许农民在上缴公粮后，将剩下的粮食在自由市场上出售。一名朝鲜农场人员告诉记者，该措施大大提高了农民的生产积极性，很多人手里有了从市场交易赚来的收入，"其实比生活在城市赚得更多了"。

马息岭速度

金正恩以"创新"、"变革"和"大转折"寄语 2013 年,提出"最重要课题"是建设经济强国,包括提高生产和改善民众生活。

完成权力交接仅短短一年,金正恩即大胆地提出"变革"的理念,其速度和胆识超过外界预测,显示出金正恩对朝鲜式变革的速度和程度,是步步为营,心中有数的。他要求国民经济各部门要最大限度地调动潜力,作好掀起生产高潮的经济部署和指挥,树立并执行现行计划和长远的分期发展战略。本着坚决"维护我们朝鲜式社会主义经济制度",使劳动人民群众在生产活动中尽到主人的责任和作用的原则,不断改进和完善经济管理方法,广泛推广各单位的好经验。

朝鲜群众对我说:"我们式的道路只有一条,就是沿着主体先军的道路,任何时候都不会有变化。" 朝鲜式"Change",不是抛弃原有路线道路,而是继续坚定地走自己的道路,让别人关注去吧!

很快,朝鲜式"变革"就有了新内涵。

2013 年 3 月 31 日,朝鲜召开劳动党中央委员会全体会议,决定"实行经济建设和核武力建设并行的路线",即在加强发展自卫性的"核武力"、加强国家防卫力量的同时,将更大力气投入到经济建设中。这将是长期战略路线。会议决定,朝鲜将发展自立的核动力工业,推进开发轻水反应堆的工作,以缓解电力紧张。朝鲜还将加快宇宙科技发展,更多地研制和发射包括通信卫星在内的卫星。朝鲜还将根据现实需要根本性地改善经济指导,健全经济管理方法。

朝鲜各地张贴出新创作的"将洗浦丘陵转化为综合性畜产基地"、

"乘着科技龙马、更高更快飞跃"等新年宣传画。洗浦丘陵覆盖江原道洗浦、平康、伊川等广袤地区。突击队员柳正植说:"人民军官兵和突击队员响应党的号召,踊跃奔赴开垦洗浦丘陵。为早日实现党大自然改造构想而创造新功勋。"平壤袜厂负责人李泰石表示,他将在本职岗位上努力生产,大力开展社会主义增产竞赛,搞活并扩大生产,为人民提供更多生活实惠。

2013年6月5日金正恩号召全国向"马息岭速度"学习,在社会主义建设各条战线打开新的全盛期。金正恩强调,"为我国人民和青少年提供更加文明幸福的生活条件,将马息岭滑雪场建设成世界一流滑雪场,是朝鲜劳动党的坚定决心"。他要求军人建设者在今年内完成滑雪场建设,号召全国全军学习"马息岭速度"的精神气魄,在社会主义建设各条战线掀起大飞跃、大革新。

2013年以来,金正恩频繁视察轻工业生产,从蘑菇厂、高山果树农场、养猪场,到育种厂、食品加工厂、机械厂。他在视察时指出,在和平环境下加快经济建设、尽快解决人民生活问题,轻工业和农业是主攻方向,并要求轻工业部门以高水平保障正常生产,大量生产各种优质大众消费品;大力加强生产,实现生产和出口一体化,扩大出口加工贸易。金正恩多次强调"要让朝鲜人民享受社会主义荣华富贵",他提出要对麻田海滨浴场、元山松涛园夏令营、平壤美林骑马俱乐部等娱乐设施进行修建,以满足"人民对文化生活的需要"。

朝鲜于2013年5月29日出台经济开发区法,欢迎外国公司和个人到朝鲜投资。根据经济开发区法,开发区分为工业开发区、农业开发区、旅游开发区、出口加工区和高新技术开发区。外国公司、个人、经济团体和海外侨胞均可到开发区投资,设立公司、分公司和办事处,并可自由进行经济活动。

朝鲜将在土地利用、人员雇佣和纳税方面给予特别优惠政策。投资者在经济开发区的权利、资产及合法收入将受到法律保护。该经济开发区法不适用于罗先经济特区、黄金坪和威化岛经济特区、开城工业园区和金刚山国际旅游特区。

对于新出台的开发区法，不少在朝工作的外国人已表现出兴趣，但表示具体实施方面还有待朝方做出细则解释，好让投资者放心。在我接触的朝鲜人中，一名朝鲜官员说："这项法律就是要给各级地方政府放权，让他们发挥各自能力，吸引外资。"

负责金刚山国际旅游特区的一名朝鲜官员也表示："欢迎来金刚山特区看看，朝鲜未来的变化会先从特区开始。"一位常年在中国工作的朝鲜政府官员对新华社记者表示："考虑到朝鲜的国情，同时借鉴中国改革开放的经验教训，朝鲜变革的步子应该比较小一点，以规避一些变革产生的负面效应。"

九、金正恩大手笔建设国际旅游区

亲临板门店军事分界线，站在北部板门阁眺望南方；欣赏巧夺天工金刚山的红叶漫山、雾气氤氲，妙香山的银杏秋黄，历史与现实、自然同人文交错展现，渐渐撩起面纱的朝鲜，正于不动声色间展现它的独特之美。

选择到朝鲜返璞归真，找一份久违的如归隐田园之清静。游客们回国后纷纷发在网上的各种"揭秘"图文被热评转发，也从一个侧面反映了朝鲜人民的真实生活和日新月异的变化。在各大"纪念碑式"革命建筑里徜徉，感受朝鲜的革命气质，亦是别有一番"复古"滋味。

驱车从朝鲜江原道元山市一路沿东海岸高速驶向金刚山，沿路海天一色，千里银沙。这片被遗忘的处女地般的天然海滨，尚未开发别墅群、开放比基尼，然而，要求全国军民按照"马息岭速度"推进世界级滑雪场建设的朝鲜领导人金正恩，自有他"将元山建设为国际旅游区"的设想——"五年后，朝鲜的海滨或是另一番景象。"

元山，五年后建成为国际旅游区

"我们计划用五到十年的时间，把元山建设成为国际旅游区。五年后，朝鲜的海滨将是另一番景象。"朝鲜国际旅行社社长赵成奎说，

"我们正在制定国家旅游特区法,不久即将出台。朝鲜欢迎所有国家和地区的企业家来投资旅游区基础设施建设,广泛欢迎国际合作。对于先期投资的独资企业、合营企业和合作企业给予优惠政策。"

作为朝鲜国家旅游总局成立六十周年的系列庆祝活动之一,由朝鲜国际旅行社主办的朝鲜观光推介会于2013年8月24日在平壤羊角岛国际饭店举行。来自中国、英国、德国、法国、意大利、西班牙、瑞典、美国、日本、马来西亚、越南、蒙古等国家的驻朝使馆人员和四十八家外国旅行社参加了推介会。

在推介会上赵成奎说,朝鲜将大力推进白头山(中国称长白山)、元山、金刚山、七宝山等名胜旅游地的开发修建,以满足日益扩大的国内外旅游需求,将各旅游区建成人民的文化休闲场所和观光胜地,向世界展示朝鲜社会主义建设和人民生活的崭新面貌。

赵成奎说,金正恩元帅将发展国家旅游业视为助推经济强国建设和改善人民生活的重要部分,就扩大和发展国家旅游做出原则性指示,包括大力开发旅游地区,充分配备服务设施、保障交通条件等。

在推介会现场我看到,许多公司对投资和开设朝鲜旅游项目兴趣浓厚,主动同朝鲜国家旅游总局和国际旅行社负责人员交流洽谈。朝方人员笑容可掬地礼待所有外国代表,多次强调说:"土地规划管理、过境、海关、关税、通讯、投资保护、文化交流等一切经营活动都将根据朝鲜有关特区法和国际标准来进行。我们还计划聘请外国专家参加元山和七宝山地区等观光地区的开发和经营管理。"

近期,朝鲜通过多个场合对外放出风声,要立法建设国际旅游特区,赵成奎表示,朝鲜将把旅游作为重要产业之一大力发展。媒体分析认为,朝鲜计划将元山、长白山、七宝山等地建成旅游特区的步调,与几个月前新出台的经济开发区法，有异曲同工的考量，旨在因地制宜地为地方经济发展注入活力，通过多种渠道灵活吸引外资合作。

分析认为，朝鲜已将"提高人民生活和建设经济强国"作为重要的发展目标，但由于受到国际制裁影响，朝鲜正在努力为经济改善寻找突破口，即从"后方"着手，小步伐、分区域、多试点地给国民经济发展增辉。

马息岭：世界级滑雪场

据介绍，元山国际旅游开发区将全年无休，"夏有松涛园海滨，冬有马息岭滑雪"，同时包括攀登及帐篷休闲游、温泉及污泥治疗游、蒸汽机车游以及乡村、渔村游和海上旅行等开发计划。

从2013年6月起，朝鲜全国各地掀起了"马息岭速度"建设热潮。朝鲜全国各地"战斗场"（施工工地）上，"马息岭速度"的标语成为新时期的朝鲜"千里马速度"。

马息岭，位于江原道法洞郡的马息岭地区，紧邻元山市。金正恩8月17日二度视察滑雪场建设，要求加快推进工程，以便从今年冬天起满足前来滑雪的游客可利用索道攀登到海拔1360米的大花峰顶点。

朝鲜媒体报道说，滑雪场从马息岭山脉海拔1360米的大花峰顶点顺着各个山坡伸展出十条滑雪，包括高级道、中级和初级道，既可供滑雪爱好者使用，也可以举行世界级的滑雪比赛。这是一项庞大的综合性工程，不仅有滑道、索道等基本设施，还建有酒店、冰场、游泳场、地下停车场等附属项目以及植树种草等周边绿化工程。

然而，朝鲜军人建设者不舍昼夜地建设且临近完工的马息岭滑雪场，却在金正恩二度视察后的一周后，出现"被刹车"的困局。朝鲜滑雪者协会 8 月 24 日发表声明说，目前，滑雪跑道铺设已结束，饭店和服务及宿舍大楼等所有项目即将完工，然而，有一些国家最近凭借所谓联合国"制裁"，阻挠朝鲜进口滑雪场索道设备。

声明说，朝鲜本来就不承认联合国的对朝"制裁决议"，且该"制裁"本身也不包括经济建设和人民生活所需的设备，并称"滑雪场所需的索道设备又无法制造导弹或核武器"。

据外媒报道，瑞士巴托勒特机械制造公司几乎已经同意向朝鲜出售机械椅、升降机和缆车。瑞士经济秘书处 8 月 19 日说，瑞士政府 7 月扩大对朝鲜的制裁后，已叫停这笔据称达 700 万瑞士法郎（约合 760 万美元）的交易，扩大后的制裁内容包括禁止向朝鲜出口奢侈品，例如高尔夫、马术和水上运动等体育用品。另据瑞士《时报》报道说，奥地利多贝玛亚公司、法国波马嘉士其也因"政治原因"拒绝了朝鲜的订单。

朝中社随后发表评论，谴责某些标榜"人权、自由、平等"的西方国家，妄称无法相信朝鲜民众能使用滑雪场，只有"高级人"才能滑雪。这是对朝鲜制度和人民不可容忍的侮辱，更是将体育严重政治化、歧视化的行为。

评论还援引韩国《中央日报》采访国际红十字委员会主席毛雷尔的话："对朝鲜的访问给我留下了很好的印象。朝鲜特别关注体育，体育生活化，运动设施被广泛利用。"还借用毛雷尔的话传达开放善意，"据说完工后，朝鲜计划像金刚山地区一样，对包括韩国游客在内的所有外国游客开放"。

尽管遭遇"被刹车"，但朝中社表示，"朝鲜必将扬眉吐气地建成人民国家的文明和英雄气概的象征——马息岭滑雪场"。

"花样"旅游，总有一款适合你

朝鲜国家旅游总局局长洪仁哲说，朝鲜正在积极推进旅游基础设施的现代化改造，计划健全文化旅游、体育旅游和治疗旅游等，丰富朝鲜旅游日程。

目前，朝鲜已在特色体育旅游方面创新出不少花样，开辟了摩托车游、高尔夫游、飞机游等项目。新西兰"白头至汉拿"摩托车旅行团8月19日在白头山顶出发，将骑摩托车，一路沿着白头山脉骑到半岛最南端汉拿山。"有朝一日朝鲜实现统一，朝鲜人民能够从白头山到汉拿山自由自在地旅游观光，这是全体旅行团成员的心愿。"新西兰摩托车旅行团团长说。

朝鲜2012年为外国飞机爱好者推出了飞机专题旅游项目，外国飞机爱好者可参观、拍摄和乘坐朝鲜高丽航空公司的多款飞机。目前，高丽航空公司拥有在世界航空公司发展史上留下突出足迹的多款民用飞机。虽然这些飞机的机龄均已很长，但仍保持高水平的技术准备程度，飞机外观保养良好，令许多外国游客惊叹不已。由于各款飞机均聚集在平壤机场，外国游客对参观和使用的方便程度表示满意。

朝鲜已同意与外国旅行社合作，吸引外国游客赴平壤参加业余高尔夫球大赛。此款"平壤高尔夫游"分为四日游和七日游两种，七日游的标价1800欧元（约合1.4万元人民币）。对此，记者虽早已向朝方提出采访申请，但由于这些体育游为非定期的"俱乐部"性质旅行，尚未有机会随团亲历。

我曾前往距离平壤市中心约二十七公里的平壤高尔夫球场或参加

或观摩球赛。该球场是目前朝鲜国内唯一的18洞标准高尔夫球场，于1988年9月建成，占地一百二十万平方米，绿地面积为四十五万平方米，球道长七公里，每次能供一百名球手同时进行比赛，各种设施一应俱全。球场环境宜人，价格便宜（常客与球场签订有优惠协议）。在球场上挥杆的，多是各国驻朝使节、中国商人、朝鲜旅外侨胞以及少数朝鲜国人。

今年再去元山海滨，比起去年的羞涩，朝鲜民众的心态已明显放松了许多。几对朝鲜青年男女在海里游泳嬉戏，两个二十几岁的小伙子笑着叫着，把一个姑娘从沙滩拖到海里，抱起、抛下，女孩子尖叫着从海里扬起水花，打起"海花仗"。

当他们注意到我的镜头时，停止打闹，朝我走来。我做好了被要求"请删除"的思想准备，没料到，其中一个小伙开口却说："咱们一起来张合影吧！"我招呼他的小伙伴一起来。只听得一句"瞧瞧看，人家怎么知道我长得帅呢"，循声望去，另一朝鲜帅哥很"王子病"地说。

一家英国旅行社发布了"不久前得知朝鲜边境将全年开放"的消息，这也许意味着游客可以在朝鲜度过圣诞节和新年。此前外国人在12月中旬至1月中旬不能赴朝旅游。

此外，一家美国旅行社推出参观朝鲜啤酒厂的特色旅行环节，受到旅客青睐。"啤酒体验团"，团员可参观包括大同江啤酒厂在内的三家朝鲜知名啤酒企业。分析认为，朝鲜开发旅游业，旨在扩大经济来源，加强对外形象推介宣传，展现经济社会发展新面貌。

自2012年来，来朝鲜观光的游客大幅增加，其中欧洲游客明显增多。目前来朝旅游的游客中，中国人占绝对多数，若要从欧洲直接报名参加旅行社，动辄要几千欧元，价格不菲。鉴于朝鲜目前尚未开通自由行，也有不少外国人选择先在中国旅游后，再报中国旅行社跟团来朝鲜。

在同海外旅行社共同设计项目的同时，朝鲜在开发新航线上也有明确规划。目前，除定期国际航班外，中国北京、上海、沈阳、哈尔滨、西安等城市国际航线包机旅游也已陆续开通，游客可提前向相关旅行社报名来朝旅游。朝鲜还计划开通在平壤、三池渊、渔郎、元山等地的国内旅游区间的机场定期航班以及平壤至吉隆坡、新加坡、莫斯科、柏林等地的常规运营国际航班；开发罗先—金刚山，南浦—威海的国际海上旅行，同时扩建元山机场，改建元山、金刚山地区所有码头，可经营客运及集装箱的国际港。

十、谷歌与朝鲜，究竟擦出什么火花？

"富有成效，十分成功"。2013年1月10日，在上飞机离开前，美国前新墨西哥州州长比尔·理查森如此评价此次平壤之旅。理查森曾任美国国会议员、美国常驻联合国代表，之前也曾多次访问平壤，是一位颇具外交功底的"民间人士"。而同行的谷歌公司执行董事长埃里克·施密特，似乎更被外界关注。

谷歌与朝鲜，究竟擦出什么火花？

"谷歌团"的飞机于1月7日抵达平壤，该团强调此行为"私人人道主义之行"。在平壤顺安机场，我采访了理查森，得知在此次"私人人道主义之行"中，他们将同朝鲜官员、企业界人士进行会谈，了解相关人道主义情况。他说："我们对朝鲜的经济和政治情况很感兴趣，对朝鲜发射火箭表示忧虑，并关注对话的重要性。"

尽管理查森有着浓厚的官方色彩，但他为自己定调为私人身份，美国政府亦与之拉开距离。美国国务院发言人维多利亚·纽兰表示，施密特和理查森访问朝鲜的计划时机不宜，他们不会传达政府的信息，但他们是美国公民，他们有自己做决定权利。

理查森在此次访问中，显然考虑到了美国政府的关切。10日，"谷歌团"离开平壤前，理查森在机场将此访概括为"富有成效，十分成功"。在问到他们与哪些朝鲜高层进行了会谈时，理查森并没有具体说明，只是表示："我们此行很愉快，尤其是和朝鲜人民的接触。有机会与他们聊到扩大手机和互联网的使用，有了更多的沟通与交流。"

据报道，理查森在与朝鲜官员会面时，亦表达了对朝鲜发射火箭和核试验的忧虑，但理查森称并没有说明是否跟"被扣押的美国人"有接触。

11日，理查森对媒体说：他向朝鲜官方递交了一封信，信是被扣美国公民裴俊浩的儿子所写的。朝方说，会转交给他（裴俊浩）。他还表示，积极的外交政策需要政府、民众、慈善机构以及其他非政府组织等多方面协作。

据朝中社报道，美国公民裴俊浩2012年11月3日以旅游为目的进入朝鲜罗先市后，因"反朝敌对罪行"被逮捕，在预审过程中，裴俊浩对其"敌视并阴谋颠覆朝鲜的罪行"供认不讳，其罪行也得到证据的支持。据报道，裴俊浩是一名从事旅游业的韩裔美国人，于2013年4月30日被朝鲜最高裁判所处以十五年劳动教养。

"我们也会开放网络吗？"

此前有消息称，谷歌此访是受朝方邀请而来。但据我了解，与其说是朝方邀请，不如说是施密特因对朝感兴趣，提出访问申请后获朝方批准。对于风头盖过理查森的"谷歌行"，理查森强调施密特仅仅是出于对外交政策感兴趣而参加代表团。

"谷歌团"一行共九人，除按照既定日程参观了金日成综合大学电子图书馆、人民大学习堂外，还增加了拜谒锦绣山太阳宫金日成、金正日遗体和参观朝鲜电脑中心的日程。

与访问团同乘一趟航班抵达的美联社记者，获得了"全程陪同"代表团的优待。1月7日，朝中社发布了访团抵达的消息，标题为"美国谷歌公司代表团"，强调了谷歌公司的同时，亦达到了弱化此访与美国政府关联的效果。朝中社对代表团两日来的参观行程进行了消息、图片和视频报道。《劳动新闻》仅对"谷歌团"离开进行了一句话报道，而朝鲜中央电视台对谷歌之行则未作报道。

我在同朝鲜百姓聊天时，经常面临好奇的提问："美国谷歌公司来，到底都做了些什么呢？我们也会开放网络吗？"当记者问及"有互联网好吗"的时候，朝鲜百姓会说"我们知道互联网可以方便生活，但也有许多不好的地方"、"或许我们的领导层正在思考如何规避互联网使用的弊端吧"、"听说可以网上购物，但网上也有很多不健康的东西，让人变坏，这些都是我们政府会考虑解决的吧"等等。朝鲜民众对互联网，就是这样认知的。

金大学生使用谷歌搜索资料

但是，从访问行程上看，朝方显然对"谷歌团"走访朝鲜进行了精心策划，展现了其最先进、与国际接轨的电子图书馆和朝鲜电脑中心。在金日成综合大学，理查森和施密特一行参观了电子图书馆阅览室、图书检索系统和学术报告厅等，施密特听得颇有兴致，不时提出一些问题，在听到朝方外务省翻译的讲解后，多次点头说"Good"。

在金日成综合大学电子自习室，谷歌智库的负责人贾里德·科恩走向一位正在使用电脑的学生，说："你做的题目挺不容易。"金大学生还向美国客人们展示了他们使用"谷歌"和"维基百科"网站搜索资料的过程。

在平壤四天三夜的行程中，施密特始终谢绝记者的任何采访。"谷歌团"的其他成员一路上也言辞谨慎，只限于表示"朝鲜人民很友好，令人印象深刻"等。施密特的女儿与我聊到，她很珍惜这次难得的朝鲜之行，并且觉得现在是朝鲜政府开放网络的时候了。

施密特在北京接受采访时表示，如果朝鲜欲使经济发展更好，需向全球互联网开放。"否则他们将继续落后于世界。"他说。

一直以来，施密特都被视为"互联网连通与开放的坚定支持者"，有分析称，谷歌意在了解朝鲜"或将放松资讯管控"的契机，捕捉潜在的商业信息。但分析人士认为，在目前的情况下，施密特访朝主要在于"探路"，很难涉及具体业务。

作为沟通谷歌来朝的"中间人"，平壤科技大学校长金镇庆对记者说，因行程紧张等原因，施密特原计划到平壤科技大学进行演讲的计划没能实现。

平壤科技大学成立于2010年，是朝韩合作创办的首座高等学府，也是朝鲜唯一的私立国际大学，被称为朝鲜IT人才的摇篮，学生可自由使用互联网。该校教授来自于世界各国，全英文授课，开设信息技术、生命工程和国际贸易等课程。

在问到平壤科技大学为何可以自由使用互联网时，金镇庆说："这是朝鲜的国家政策所允许的。"

我后从平壤科技大学的外国教授那里了解到，他们可以上网的前提是"提前申请"，即教授提前申请，学生可在教授指导下，使用某一提前申请的国际互联网站查阅学习资料。

对外互联网展示新形象

撤掉旧版导航条上方攻击美国和韩国的标语,用朝鲜主动缓和与韩国关系的具体报道取而代之。2013年1月4日,朝中社对外网站全新改版。在谷歌高管访问朝鲜前夕,朝中社的这一举动被外界评价为"西化",从而对网站改版展开种种猜测。

我从朝中社了解到,朝中社网站改版与谷歌来访"没有关联"。作为国家通讯社,朝中社的改版可以说是对金正恩新年致辞提出"创新、变革、转折之年"的率先实践,体现出朝鲜日渐注重树立良好的国际形象。

朝中社此次改版可谓面目一新:大量使用图片和视频,设有"最新图片"和"最新视频"展示区。网站朝文版主页左侧设有"金正恩活动"报道专栏、重要消息、朝鲜的统一与和平,以及体育、旅游、科学技术等今年朝鲜将大有作为的领域。右侧列有伟大大元帅们的业绩、胜利和光荣的2012年、卫星发射成功等专栏。

新版网页分朝鲜文、英文、中文、西班牙文和日文五个版本,内容略有不同,提供去年一年的新闻搜索,图片有自动翻页和全屏放大功能,文字也有放大功能,体现了服务意识,也证明了朝鲜具有一定的科技水平和对外部世界潮流的掌握。

还有外界注意到,新版网站上同时取消朝鲜一直使用的主体纪年,是否意味着朝鲜将放松对"主体"思想的坚持?这其实是一种误读。身处朝鲜,我看到大街小巷张贴的标语上,依然广泛使用主体纪年(以金日成诞辰为元年),比如,2013年是"主体102年"。由此更可以说明,改版后的朝中社对外网站,是朝鲜对外宣传和塑造新形象的窗口。

朝中社自 2010 年开办网站以来，已成为朝鲜传递自己声音的重要平台。在不少重要大事上，网站更新快速及时，日益注重时效。在首页右下方"主要网站链接"中，依次设有朝鲜祖国和平统一委员会下属的"我们民族之间"网站、朝鲜劳动党机关报《劳动新闻》的网站，"朝鲜之声"、"我的国家"等网站链接。不过，这些网站并不稳定。

朝鲜于 2010 年在"脸谱"（Facebook）和"推特"（Twitter）等国际社交网站上注册了账号，名为"Uriminzokkiri"（我们民族之间），尽管发布的微博都是朝文，但仍吸引了上万粉丝的关注。

我了解到，这些所谓的朝鲜官方账号，其实并无从考证是否是朝鲜官方运营，有可能是海外的朝鲜侨胞注册。但至少，从视频影像、电视节目，到民族文化生活，朝鲜通过社交网站，为外界了解朝鲜提供了一个渠道。

不过，网友用微博上对朝鲜进行"报道"亦不乏先例。2012 年 3 月，新浪微博就曾有一个"今日朝鲜"的微博账号红极一时，每条微博能都有成千上万的转发。后经记者向朝鲜有关方面求证，获知该博主是以私人身份冒充"官方"。不过，这也从另一个方面说明了外界对神秘朝鲜的关注度之高，希望了解朝鲜发生的点滴。

十一、罗德曼玩转"篮球外交"

一边是口鼻穿环放浪形骸的美国 NBA "大虫"罗德曼,一边是核试验后处于暴风中心的金正恩领导下的主体朝鲜,人们很难将两者联系起来。而我却有幸见证了二者的亲密接触:对立的沟壑纵然深,只要想拥抱,其实只有一步之遥。

2013 年 2 月下旬,肆虐多时的寒冬逐渐褪去,平壤显得平静如常。应朝鲜体育省邀请,以美职篮前球星丹尼斯·罗德曼任团长的美国哈林花式篮球代表团,于 2 月 26 日开始对朝鲜进行为期一周的交流访问。

在获得前 NBA 球星团飞机将抵达的前十分钟,我们匆匆赶往平壤顺安机场。而朝鲜媒体记者早已列阵守候,比 1 月份谷歌团来时出动的人马还多。朝鲜体育省和外务省的数名官员,也早早等候在机场准备迎接。等候过程中,我向朝鲜外务省官员、朝中社记者、提前出站的美国记者等多方了解情况,试图了解在朝鲜核试验后一个月内即来朝访问的美国"花球"团的点滴信息。

罗德曼从安检门走出,在外务省翻译的介绍下,朝鲜奥林匹克委员会副委员长孙光浩等朝方官员面带微笑同罗德曼及其他几位美国篮球运动员一一热情握手道:"欢迎来到朝鲜!"

罗德曼对记者说:"同我一样,我们的明星球员大多都第一次访问朝鲜。我们对此行充满期待,相信一定会有很多乐趣"。

此次篮球代表团成员共十三人，包括四名哈林花式篮球队员和数名美国 HBO 电视网记者。罗德曼此行是为美国 HBO 电视网录制短片，并将在录制结束后提前离开。

"我们今年 1 月接到了朝鲜方面的邀请。"代表团成员说。1 月正是朝鲜卫星发射后、核试验前的阶段，朝方在这样微妙的时候邀请美国人来访，其用意远远不会像朝鲜人喜爱 NBA 球星那么简单。

"期待和朝鲜百姓互动"

罗德曼现年五十二岁，绰号"大虫"，曾是芝加哥公牛队队员，曾多次与迈克尔·乔丹一起获得总冠军。他遍体文身，面挂金属环，赛场内外行为不羁，是名"坏小子"。据报道，对于朝鲜这样一个"全世界管制最严格、全民军事化程度最高的社会"，罗德曼曾表示没有任何偏见，同时他也以行动证明：不会因为来到朝鲜而把自己的耳环、唇环摘下。

被记者簇拥着走出机场大厅，罗德曼直呼"哦，我的天"！原来，罗德曼是被室外零摄氏度左右的平壤气温"冻着了"。在等待其他成员陆续出来的间隙，他径直上了朝方准备的专车，暂作休息。

除团长罗德曼相对沉默"耍大牌"外，另外几名篮球运动员，彼此间玩笑调侃，自如地活跃在记者镜头前，手舞足蹈地哼唱着说唱音乐，滔滔不绝表达朝鲜之行的欢乐心情。篮球运动员布尔·布拉德满脸笑容地说，朝鲜是哈林花式篮球队全球篮球行的第一百二十二个国家和地区，他们对朝鲜之行期待已久。"我们将和许多朝鲜儿童和家庭一起互动，分享篮球的快乐。"在问到他们访问朝鲜的时机和对美朝关系的作用时，布拉德表示："我们会同他们热情握手，报以大大的微笑，尽我们所能传递篮球的魅力。" 球员们表示，他们将向朝鲜儿童展现最出色的篮球技艺，同他们一起开展娱乐活动。"我们是世界一流的篮球运动员，是具有强大人格力量的榜样，我们热爱儿童，喜欢其乐融融的家庭氛围。无论是朝鲜人，还是韩国人，我们都很喜爱"。

身着红色、蓝色篮球衣的篮球运动员陆续走出机场，兴奋地表述自己如何对朝鲜之行"向往已久"。

哈林花式篮球队的执行副总裁杰夫·穆恩对记者说："我们的球员都非常优秀，此次来的四名是经过自愿报名和球队挑选的精英球员。"

有媒体报道说，朝鲜最高领导人金正恩是20世纪90年代芝加哥公牛队的"粉丝"，我向朝鲜外务省官员提问及"金正恩会否观看比赛"，他表示："这是单纯的两国体育领域的交流，更多的我们不知道。具体行程要再商讨确定。"

当被我问起访问行程时，美国HBO摄像记者表示："我虽然清楚日程，但你还是问球员比较好，我无可奉告。"而篮球运动员则表示："我们不知道会见谁，但我知道我们会见很多很多人，比如我今天就见到了你。这里的一切都将很有意思。"

欲借小球震撼"大球"？

这个篮球代表团被外界猜测是否是朝鲜欲开启"篮球外交"。对此，罗德曼表示"并非如此"。美国国务院一名高级官员表示，罗德曼此行没有联系国务院，属私人旅行，国务院不会过问。

比起谷歌团访朝时的信息公开，此次行程安排美朝两方均一致对外保密。候机时，朝方官员忙着同下属交代注意事项，对外国常驻记者的提问默然不答。负责报道的朝鲜外务省官员则通告说："常驻记者只允许拍抵达和离开，不可随团采访。"HBO 摄制组亦严守商业机密，摄制组到底将在朝鲜拍摄哪些画面、美国球星在朝期间究竟"制造什么乐趣"，或许只有在 HBO 播出朝鲜特辑时谜底才能揭开。

分析人士认为，朝鲜此次由体育省出面，邀请美国篮球队访朝并热情接待，无疑是最高领导人做出的指示。朝鲜一直希望能与美国打开直接谈判大门，与美国直接面对面对话。但在朝鲜成功进行第三次更高水平核试验之后，朝美关系再现僵局，直接启动政府层面的对话可能甚小。

篮球交流无国界，金正恩邀请美国球星，同此前邀请美国政客、官员、企业家以私人身份访问朝鲜一样，显示朝鲜有意同美国保持接触。美国政府尽管对民间交往不赞成，但也没有反对，也充分说明美方同样有意愿通过民间交流和接触，寻求改善关系的可能性。"篮球外交"本身固然有夸大之嫌，但民间交往能对消除两国长久以来的隔阂和误解，起到搭建桥梁的作用。

朝中社 2 月 26 日晚对此行进行了报道，27 日《劳动新闻》第四版下方刊载了朝中社图片消息。而此前，谷歌团抵达时，朝鲜国内媒体并没有报道，只是在离开后报了一条短讯。值得注意的是，27 日的《劳动新闻》第五版和第六版头条，依然刊载《一丝不留地灭掉侵略据点》、《朝美对决的最后胜利必定属于朝鲜》这样"与美国敌朝行径斗争到底"的评论文章。

金正恩礼遇罗德曼背后有考量

朝鲜中央电视台在篮球赛过去四天后，向普通民众播出了当天比赛的实况。现场爆发的阵阵掌声，不时从电视机中传出，令人感受到体育在增进两国人民感情的重要作用。

2013年3月5日，朝鲜军方宣布即将摈弃《朝鲜停战协定》的"强硬发声"后，朝鲜中央电视台仍播放了罗德曼来访时篮球赛的画面。在因核试验、美韩军演而使朝美关系尖锐对立的紧张时刻，朝鲜最高领导人金正恩与罗德曼"交谈甚欢"的景象，向外界传递的信息可谓多种多样。

得知美国篮球队要在平壤进行一场比赛后，我们试着同朝方联系，表示希望能去现场观看并采访，但朝方婉拒记者要求。于是，2月28日在平壤柳京郑周永体育馆举行的篮球赛除了邀请外国驻朝使节、国际组织和常驻机构代表外，没有任何一家外国媒体获准到现场。

而罗德曼一行在朝鲜受到了最高礼遇。当天金正恩偕夫人李雪主，同罗德曼并肩观看篮球赛，比赛期间两人有说有笑，交谈甚欢。我由前去观看比赛的朋友那里得知，比赛现场气氛热烈，由十二名来自朝鲜体育大学的现役或退役球员以及四名美国哈林花式篮球队员混合组成红白两队，两队先发球员各为两名美国球员和三名朝鲜球员。中场休息时，朝鲜拉拉队员分别穿着传统服装和超短裙进行表演。但在朝鲜媒体的报道中，并没有朝鲜女拉拉队员表演的部分。比赛结束后，罗德曼代表美国篮球队向金正恩赠送了队服，金正恩接过队服高高举起向全场展示，全场掌声雷动。

罗德曼在比赛结束后发表讲话说,感谢朝鲜盛情邀请美国球员来访,比赛体现了两国人民之间的友谊,"虽然两国关系比较遗憾,但是作为我个人,我是金正恩元帅和朝鲜人民的朋友"。

当晚,金正恩还出席了朝鲜奥委会举行的晚宴,金正恩会见罗德曼一行并亲切交谈,表示"进行这样的体育交流,将有助于增进两国人民的相互理解"。朝媒的报道最后还不忘提上一句"晚宴始终在友好的气氛中进行"。

"朋友,随时再来"

离开平壤时,罗德曼对记者说,短暂的朝鲜之行非常美妙,朝鲜人民体贴好客。谈到金正恩时,罗德曼说:"我们一见如故。他十分坦诚,非常爱他的妻子。"

"我希望能带更多的朋友来见他。对于两国关系,一个人的力量是有限的。他的人民和国家爱戴他,我也很爱他。"

如他所言,罗德曼果然带了他的朋友再来。2013年9月初,平壤拒绝了美国朝鲜人权特使罗布特·金,却迎来了再次到访的罗德曼。比起首次访朝,罗德曼此行显然受到了"好朋友"式的特别招待。罗德曼一行四人抵达和返回,均直接乘车出入停机坪,没有接受记者采访。

结束了对朝鲜五天的友好之旅,罗德曼9月9日宣布,他已接受金正恩的邀请,将担任朝鲜男篮国奥队教练。罗德曼表示,他希望"篮球外交"能够有助于开启美国和朝鲜的对话之门。

据朝中社9月7日报道,朝鲜最高领导人金正恩再次会见并宴请了来访的美国前篮球明星罗德曼,并一同观看篮球赛。金正恩和罗德曼进行了亲切友好的交谈。金正恩邀请罗德曼，作为朋友可在今后任何时间访朝。罗德曼对金正恩在百忙中抽空接见他表示由衷感谢，将此视为"对美国人的善意"，并表示会为促进美国与朝鲜的体育和文化交流而努力。

罗德曼9月9日在纽约举行新闻发布会，介绍了自己的两次朝鲜行。罗德曼说金正恩非常信任自己，还让罗德曼抱他的小女儿"主爱"（音译），并宣称自己已经接受了金正恩的邀请，将在未来三年里担任朝鲜男篮国奥队主教练。罗德曼表示，他的篮球外交旨在"敞开大门"和"弥合鸿沟"，希望"篮球外交"能够有助于开启美国和朝鲜的对话之门。不过，朝鲜官方没有证实举行美朝篮球表演赛的计划以及邀请罗德曼出任朝鲜男篮国奥队教练的消息。

虽然美国政府早已和罗德曼一行撇清关系，称后者纯粹是"私人访问"，但体育确实在朝美两国关系中扮演着非常重要的角色。2000年10月，时任美国国务卿奥尔布赖特在访朝时就曾送给朝鲜领导人金正日一个NBA球王迈克尔·乔丹签字的篮球，这个篮球现在还在妙香山国际友谊展览馆内展出。2007年和2011年，朝鲜两次派出跆拳道表演团到美国巡回表演。2012年，朝鲜本计划再派表演团赴美，但由于发射卫星问题未获美方批准。

尽管朝美关系表面上陷入僵局，但朝美之间的官方和民间交流互动一直没有停止。有外媒就报道说，2012年有一名白宫官员两次到朝鲜寻求同朝改善关系。罗德曼的两次访问，美国政府也没有不批准他们的行程，表明美国有意愿通过民间交流和接触，寻求改善美朝关系的可能性。

十二、开城工业园区,历经风雨再见彩虹

开城工业园区作为朝鲜半岛同一民族和解合作的象征,在半岛"倒春寒"的气候里,命途几度跌宕,最终难逃"被废弃"的厄运。工业园区作为朝韩目前唯一的经济合作项目,随着最后一批韩方人员的撤离而人去楼空。随着半岛北南关系的日渐冰封,朝鲜针对韩国的不满爆发,对开城"动真格",给未来朝鲜半岛局势走向再添迷雾。从朝韩紧张关系中数次死里逃生的开城工业园区,能否再次经风雨见彩虹?

数次死里逃生

开城工业园区是朝韩首脑 2000 年签署《北南共同宣言》后双方进行的重要经贸合作项目。园区位于平壤以南约一百七十公里、开城以南八公里处,距离北南军事分界线仅一公里。

根据计划,开城工业园区占地面积六十六平方公里,由韩方出资本和技术,朝方出土地和劳力,分阶段实现滚动开发。园区定位为国际性的工业、商贸、金融和旅游区,于 2003 年 6 月动工建设,2005 年开始运营。有约五万四千朝鲜人在园区一百二十多家韩国企业工作,生产服装、器皿、手表及其他日用消费品。

在金大中和卢武铉执政期间,韩国推行韩朝和解合作的"阳光政

策"和"包容政策",半岛局势总体缓和,园区开发和运营总体进展顺利。2008年李明博上台后,由于对朝政策趋于强硬,朝韩关系由合作转向对抗,并直接影响到园区的运营,开城工业园区出现了数次"警报"。

2009年3月韩美举行"秃鹫"联合军事演习时,朝方一度暂停韩方人员进出工业园。而2009年5月朝鲜第二次核试验时,韩方暂停所有人员到朝鲜,但并没有包括开城工业园区。

在韩国联合调查团2010年5月20日正式宣布"天安"号警戒舰是因遭到朝鲜潜水艇实施的鱼雷攻击而沉没后,韩国政府宣布了一系列对朝制裁措施,其中包括缩小开城工业园区运营规模,缩减韩方员工人数等。对此,朝鲜政府单方面宣布关闭开城工业园区,并宣布将驱逐所有在区内的韩国国民,但此后韩方人员出入工业园区并未受到影响。

2011年朝鲜最高领导人金正日逝世后,韩国停止了韩方人员的访朝活动,但并不包括开城工业园区。

朝方称"尊严受损"

2013年3月以来,针对联合国安理会通过涉朝决议以及韩美两国举行联合军演,朝鲜表态强硬,半岛局势日趋紧张。一些韩国媒体和官员称,开城工业园区是朝鲜重要外汇来源,朝鲜无法对园区采取什么措施,对此朝方反应强烈,3月27日,朝鲜切断了用作开城园区出入境渠道的朝韩军事热线。

3月30日,朝鲜中央特区开发指导总局表示,若尊严受损,将关闭开城园区。发言人强调,实际上,经由开城工业园区受益的不是朝鲜，而是韩国政府和韩国中小企业。如果韩方再借原本就艰难维持的开城工业园区进行阴谋宣传，损害朝方尊严，朝鲜将立即关闭开城工业园区。同一天，朝鲜政府、政党和团体发表特别声明，宣布朝韩关系进入战时状态，所有朝韩之间的问题将根据战时状态来处理。

4月8日，朝鲜劳动党中央书记金养建前往开城工业园区视察后发表谈话表示，暂时中断开城园区运转，撤回朝鲜所有人员，并将讨论是否保留园区。针对朝方的表态，韩方也未做出让步。4月27日，滞留开城的一百二十六名韩方人员返回韩国，最后剩下的五十人计划于29日下午返回。但其中有七人因"未缴纳税款"问题暂时滞留工业园区。

4月27日，朝鲜中央特区开发指导总局发言人就韩国决定从开城工业园区撤离全部韩方人员表示，如果开城工业园区被关闭，遭受巨大损失的将是韩国，而对朝鲜则无所谓。朝鲜反而可以将长期让出的开城工业园区的广阔地区重新转为军事区，更加近距离瞄准首尔，敞开向南进军的道路，更有利于进行祖国统一大战。

都不愿放弃"结晶"

作为朝韩共同合作建立的经济合作区，朝鲜一直认为朝鲜将其边境地区划出一块地来建工业区，是旨在实践朝韩民族和解的"民族互相帮助"精神。但由于认为韩国敌视政策有增无已，朝鲜最终做出了暂时关闭开城工业园区的决定。

4月11日，韩国统一部长官柳吉在发表声明，敦促朝鲜通过对话解决问题。韩国总统朴槿惠在国会议员晚餐会上表示，将与朝鲜进行对话。

4月25日，韩国统一部正式向朝鲜提议，就工业园区问题进行政府间实质性对话，要求朝鲜于26日正午前作出回应，并表示若朝鲜拒绝提议，韩方将采取"重大举措"。对此，朝鲜国防委员会政策局发言人26日发表声明表示，如果韩方不正视现实而继续造成事态恶化，朝鲜将可能先于韩方采取"最终决定的重大措施"。随后韩国统一部发表政府声明宣布，将撤出所有滞留在园区的韩方员工。

朝鲜中央特区开发指导总局发言人4月27日表示，朝鲜正密切注视韩国总统是否要将唯一遗留的民族共同合作项目——开城工业园区变成对抗政策的祭品。

尽管事态发展越发严重，但作为朝韩目前仅存的经济合作项目，朝韩双方不到万不得已都不愿放弃这块双方苦心经营了十年的土地。

七轮会谈，分歧终弥合

朝鲜祖国和平统一委员会（祖平统）2013年6月6日建议在《北南共同宣言》签订纪念日6月15日到来之际举行朝韩当局会谈，以实现开城工业园区正常化和重启金刚山旅游。在会谈中可讨论离散家属会面等人道主义问题。对此，韩国政府积极回应。韩统一部当天发表声明说，韩国积极评价朝鲜提出的南北政府间会谈提议，希望此次会谈成为增进南北信赖的机会。

这是朝韩于2011年2月举行军事工作会谈后，时隔两年多再次举行政府间会谈，意义重大。各方都期待会谈能够顺利举行，希望通过会谈为朝韩合作带来新契机。这是朝鲜在金正恩特使崔龙海访华后，落实其在中国表态的一个切实举措，向外界显示朝方没有关闭对话的大门。

7月初，朝鲜提议就开城工业园区问题进行工作会谈，韩方积极响应。韩朝双方举行了多轮谈判，但由于在园区关闭的责任和预防措施等问题上分歧严重，协商无果。

朝鲜祖平统发言人8月7日发表特别谈话，表示将解除朝方4月8日宣布的暂停工业园区运营的措施，保障工业园区运营不受政局影响。发言人表示，开城工业园区暂停运营已经4个月，尽管朝韩进行了六轮工作会谈，但会谈陷入空转，困难重重，前途暗淡。如果开城工业园区关闭，对朝韩关系的影响是无法计算的。在即将迎来8月15日解放六十八周年之际，朝韩应该从危机中解救民族共同财富并进行反省，这才是爱国的决断和正义的选择。

8月14日，韩国和朝鲜代表就开城工业园区问题举行第七轮工作会谈，双方最终就防止开城工业园区停运事件重演等达成一致，并签署协议。

根据协议，一，韩朝双方商定无论发生何情况都将确保开城工业园区停工事件不再重演；二，将保障出入开城工业园区的韩方人员的通行安全，保护企业的投资资产，解决通行、通信、通关问题；三，将保障园区企业从事符合国际标准的企业活动，使其发展成为具有国际竞争力的工业园区；四，为切实履行上述协议事项将组建开城工业园区韩朝共同委员会，并设立必要的下属分科；五，为保障人员安全出入和滞留园区，以及保护企业资产，将制定相关保障制度，园区韩方企业积极整顿检修设备以保证园区恢复生产。

8月28日，双方签订了关于成立和运营开城工业园区南北共同委员会的协议。9月11日，韩朝双方举行了开城工业园区南北共同委员会第二次会议，最终决定9月16日开始通过试运行重启开城工业园区。

16日这天,中断运营一百六十余天的开城工业园区通过试运行重启,有超过一半的园区内企业开始试运转。

历史再次证明,开城工业园区作为双方合作的结晶,在半岛局势和双方关系恶化的情况下仍能保全。虽历经风雨,但有理由相信,在朝韩双方的共同努力下,开城工业园区仍将重见彩虹。

十三、亲临"三八线"

汽车从平壤向南出城,沿途一路雨幕,我悠闲地看着玉米叶绿浪在细雨轻雾中摇曳起舞。隔了许久,在庄稼地尽头若隐若现的高耸的永生塔,悄然指示远方小村镇的存在。

在朝鲜,凡有永生塔处,必有村落城镇,人烟密集。永生塔上镌刻"伟大领袖金日成和金正日同志永远与我们在一起",是朝鲜式社会主义社会,对领袖感恩戴德的信仰。汽车从苍山中穿行而过,"传奇式的英雄金正日将军太阳般永生",标语大字镶嵌山间。白头山血脉世代相传,是太阳,是亲爹娘。将军父亲,劳动党母亲,朝鲜人民如此深情表达。

开城,地处朝韩分界线处,距离平壤一百七十公里,距离首尔七十公里。我们 7 点 30 分出发,10 点 10 分到达。氤氲着雨霏雾霭的 7 月之夏,开城市显得格外寡静。

开城,曾是高丽时期的都城,也是朝鲜特色高丽参产地。方兴未艾的开城工业园区,此时遭逢近年朝韩关系跌至冰点的差错期,工业园区部分项目中断……车行高架桥横穿市区,两旁的住宅楼,碉堡似的空洞,仿佛随时做好投入战斗的准备。

参观板门店当然是要提前向朝方通报申请的。车行至关卡处,我们上交各自护照,排队等待检查后缓慢进入。车行在葱郁的田野中央,两侧绿树似屏风静立,高耸的朝鲜国旗向身后掠去,按要求车停步行前进。回头望，"自主统一"四个大字，镌刻水泥板上，左侧"传给后代以统一的祖国"的儿童壁画，刻画出两个兄妹拉手的笑颜。

开城，板门店

从大巴车下来的旅行团，多是熟悉的中国面孔和金发碧眼的俄罗斯游客，等待导游买票后进入参观。空旷的周遭，售票处旁的旅游纪念品商店是游客蜂拥而至的唯一避雨亭。

虽是夏日，持续多日的阴雨竟带来凉飕飕的体感，印字的纪念衫柜台前，妈妈看上一件印有"板门店、We are one" Logo 的粉色T恤，一件一百元人民币，不议价。我当下给爸妈各买一件，套在身上正好御寒，又是有纪念价值的情侣装。爸妈穿上一下子年轻了好几岁。旅客中，有的在买纪念邮票，有的在咨询虎酒、人参茶。商业小气候稀释着丝丝沉重的空气。板门店，原本就是以停战协议会场附近以木板搭成的小杂货铺命名，冷峻"板门店"，不再是想象中森严壁垒的模样，而是先以商店之"店"亲切示人。

讲解员是位高帅帅的兵哥哥，一边手指地形图，一边介绍说："这里就是军事分界线，其南北各两公里是非军事区，共四公里的军事缓冲地带。看南侧，这里显示美国在南朝鲜驻扎着三万多军队，部署了一千多件技术核武器。"讲解员在一番慷慨陈词介绍后，上了我们的车。

军人的到来，既显得郑重，又在壁垒森严中蒙上倍感安全的保护伞。他很快认出我是在电视上见过的新华社记者，侧着身子扭头同我聊天。刚才满脸严肃的军人，瞬间转换了频道，笑呵呵的脸上不时几抹"微笑纹"，俊朗的轮廓看上去颇有几分英气，侧脸好像刘德华呢。他叫柳明勋，今年二十七岁，当兵十年，现在是大尉军衔。

跟随柳大尉来到停战协定谈判地点，白色小屋前一块石碑上刻着"停战谈判遗址"，走进去，屋内窗明几净，蓝色木楞框，框住了窗外绿树繁茂，蝉鸣鸟叫，静静的小屋里，难觅硝烟滚滚、战争后续唇枪舌剑的激烈。"战争结束前，交战双方在此一共进行了一百五十八次谈判。"

柳大尉告诉我在这里发生的许多细节："美国人按照我们朝鲜代表的要求，在吉普车上覆盖一面白旗以保证其安全，等他们明白白旗在东方人理念中代表投降时，已经晚了！美国人打着白旗谈判的消息已经见报了！"那股自豪，难怪朝鲜人将7月27日停战协定签订日称之为"战胜节"。

在朝方共同警备区里，一处必看的景点是金日成主席的签字牌。白色大理石纪念碑上镌刻着"金日成，1994·7·7"，几个字，是金日成主席的绝笔。

"金日成主席办公到深夜，审阅和批示'朝鲜半岛最高领导人会谈方案'的文件，这是他在文件上签名留下的绝笔。"柳大尉说，"金日成主席于次日因心脏病突发逝世，为了朝鲜民族统一贡献毕生精力的民族大义，为民族的繁荣兴旺忘我工作的革命精神啊。"

过了一会儿，他又发出感慨："世上有哪个民族，有哪个国家的领导人，像我们朝鲜领导人（金正日）一样，在辛劳的工作中、在视察的列车上辞世呢！"

最可爱的人

几十米之外的紫红色房子即是"停战协定签署地遗址"。朝鲜民族风格的飞檐斗拱的凸字形建筑。屋内宽敞却光线昏暗，两张大桌，东侧玻璃框里那面淡蓝色联合国旗，褪色黯淡，西侧桌上的朝鲜国旗却熠熠鲜亮。

"玻璃盒子里的联合国旗帜是当年留下的，签字当天美方代表急匆匆逃离会场，忘了取走那面旗帜，我们将它保留在这里，成为那场战争永久的见证。"柳大尉说，"整个签字过程只有十分钟，结束了三年零三十三天的朝鲜战争。"

空旷的陈列室墙壁上，一排排陈列着那场战役留下的斑斑痕迹：水壶、枪支、旅行包、药瓶、望远镜，还有敌军的迷彩军装、军帽。墙壁上，黑白照片记录着在我脚下这块土地上，朝鲜民族所经历的悲壮分裂历史，记录着中朝军民"保家卫国"，鲜血凝成的战斗友谊。

"我在这里吃雪，正是为了我们祖国的人民不吃雪"，"我在这里蹲防空洞，祖国的人民就可以不蹲防空洞，他们就可以在马路上不慌不忙地走啊。"看着眼前的战争遗物，脑海中浮现的是作家魏巍那篇感动了几代人的著名战地通讯《谁是最可爱的人》——

可是，从朝鲜归来的人，会知道你正生活在幸福中。请你意识到这是一种幸福吧，因为只有你意识到这一点，你才能更深刻了解我们的战士在朝鲜奋不顾身的原因。朋友！你是这么爱我们的祖国，爱我们的伟大领袖毛主席，你一定会深深地爱我们的战士——他们确实是我们最可爱的人！

初中时读魏巍这篇名作，即产生了对亲历并动情记录历史大事件的随军记者的崇敬。新闻的客观性并不妨碍有血有肉的生动挥洒，用情写作才能还原真实，我想，魏巍是优秀记者的榜样。抗美援朝战争已过去六十周年，英勇无畏的志愿军战士、保家卫国的我们最可爱的人，应该成为我们心中永远缅怀的英雄。

"感谢当年英勇的中国人民志愿军与朝鲜军民并肩作战,鲜血凝成朝中友谊将万古长青。"柳大尉诚挚地说。是的,朝鲜人民对中国志愿军抗美援朝始终怀有感激之情,"朝中友谊"是他们常挂在嘴边的词。

此刻,仍能感觉到曾经惨烈战争发生当时,那浓烈的保家卫国的战争气氛。那场战争,真实地发生过,我们不该忘记。不忘那段历史,不忘和平的来之不易。

"和平协定"有多难

签字桌上,陈列着《停战协定》的复印本,清清楚楚写着"停战协定"四个字。《朝鲜停战协定》的签订,标志着历时三年多的朝鲜战争以中朝人民的胜利和美国的失败而告终。但,这并不意味着朝鲜问题得到了和平解决。

1953年10月1日,美国与韩国签订《美韩共同防御条约》,继续在韩国保留美国驻军。1954年4月,在为和平解决朝鲜问题和恢复印度支那和平问题而召开的日内瓦会议上,美国缺乏诚意,各方未能就从朝鲜撤出一切外国军队及和平解决朝鲜问题达成协议。后经朝中两国政府协商同意,中国人民志愿军于1958年底全部撤离朝鲜,首先向外界表明了朝中方面执行停战协定及和平解决朝鲜问题的诚意。

"《朝鲜停战协定》签订已近六十年,但那场战争仍未从法律上结束的原因,在于美国故意要将'停战'状态长期化。美国在朝鲜半岛执意回避签订'和平协定',持续交战状态,是其'敌朝政策'最具代表性的体现。美国不断增加对朝鲜的军事威胁、核威胁,最终把朝鲜推向了拥有核武器的现实。"柳大尉讲解说。

停战，仅意味着临时休战，并不意味着和平。这是导致半岛局势随时剑拔弩张、陷入战争阴云的渊源。朝鲜人认为，美国不愿意签订"和平协定"，是不愿意承认自己当年的失败。朝鲜一直提议同美国举行会谈或者在六方会谈框架内讨论将《停战协定》转变为"和平协定"，以消除半岛的军事对峙状态，解决朝美信任保障问题。

朝鲜多年来一直谋求同美国关系的正常化，致力于将《停战协定》变为"和平协定"，而美国坚持"和平协定"的签订是以朝鲜放弃核武器为前提的；另一方面，朝鲜坚定拥有核遏制力，先军政治的路线是立国之本。以至于彼此互设前提的对话始终无法取得实质性进展，缺乏互信导致任何的风吹草动都可能将阶段性努力彻底推翻，一切归零，回到原点。

朝鲜认为，美国以核武器威胁朝鲜，从而产生了朝鲜半岛的核问题。美国是朝核问题的肇事者，理应为解决这一问题承担责任，包括美国应完全放弃敌视朝鲜政策，把《停战协定》转变为"和平协定"。最后，朝美应缔结"互不侵犯条约"。只有"和平协定"发展为法律上的互不侵犯条约，才能保证巩固的和平。

朝鲜外务省发言人2013年3月14日表示，朝鲜人民军最高司令部宣布从美国核战争演习的3月11日开始，《朝鲜停战协定》全面失效。与其他协定不同，《停战协定》如有一方不遵守就自动失效。发言人说，在无异于战争一触即发的严峻形势下，朝鲜不能再继续受到《停战协定》的约束。

跨越"三八线"

"三八线"的历史，最早可以追溯到1896年。那时，日本和沙皇俄国密谋瓜分朝鲜，日本向沙俄秘密提出以"三八线"为分界线。但，划分因双方利害冲突未能实现。第二次世界大战末期，盟国协议以朝鲜半岛上的北纬38°线作为苏、美两国对日军事行动和受降范围的暂时分界线，北部为苏军受降区，南部为美军受降区。日本投降后，该线就成为朝韩两国的临时分界线，也就是人们说的"三八线"。

"三八线"的划分，埋下了朝鲜民族长期分裂的种子，这颗苦种是迟早要发芽的。"三八线"的划定成为美苏两国势力在朝鲜半岛对垒的既定疆界。三年艰苦的朝鲜战争后，这条"军事分界线"超越了其地理名字，从笔直的"三八线"，变成了一条曲曲折折成"S"状的军事分界线，道出了这条分裂之线潜在的危机与伤悲、沉重与莫测。

随柳大尉走近传说中的"三八线"——一条在地图上看得见，却在地面上看不见的军事分界"线"。这条"线"，可触可感的，其实是骑跨在分界线上的七栋房子。

"白色的四栋属于朝方管理，蓝色的三栋属于美方管理。"我用相机拍下房前神情严肃的朝鲜人民军士兵。7月的夏天，朝鲜军人还穿着长袖长衫的风衣，包裹得相当严实。他们冷峻的面孔，写满了战斗状态。

走进其中一间，我透过窗户拍下窗外的韩国士兵。在这间屋子里，跨越一道门槛式的水泥横道——"三八线"，无意间，我已跨越了"三八线"，越了界。我连忙收步退回来。

"只有这间房子是特殊的，在这里你可以越境，走入"三八线"的另一端。"柳大尉告诉我们，"只要有一方进来，另一方是不会进来的。"南北两侧轮流看管这间房屋。想到十几分钟前，这里还曾接待过韩国游客，而不留踪影。就这样跨越了"三八线"。一步之遥，在这间屋子里的轻松，与走出这间屋子的沉重。

登上朝方一侧"板门阁"，眺望南方韩国一侧"和平之家"的亭台上，看得清楚身着迷彩服的韩国军人，戴着帽子和墨镜，很酷，配以皮靴钢盔、荷枪而立，盛气凌人，在他们身后，民房、农田、哨所、道路，也都依稀可见……听大尉说，统一阁这侧的朝方国旗旗杆高一百七十米，关于此，也有一段"意志的较量"——

据说，当年韩方先树立高六十米的旗杆，朝方进而树立了高八十米的以示抗衡，南方继续加到一百米，北方一百二十米，直到北方加到一百七十米，南方才不再加高。

二百四十多公里的军事分界线，像一条巨蟒横卧在朝鲜半岛三千里江山的中部，将同一民族一分为二。分界线两侧，百万大军横眉冷对，剑拔弩张。如此军事对峙，造成了半岛局势的持续紧张。相对的"和平"，长期的封闭，使得被铁丝网隔离的韩朝非军事区意外地成为动植物的世外桃源，不少珍禽异兽在此栖息。但同时，非军事区内仍埋有不计其数的地雷，一些动物常被地雷炸伤。

韩朝非军事区经常成为朝韩小规模冲突的爆发地，韩朝双方多次发生交火并指责对方先行开枪。韩国声称发现了多条由朝鲜一侧挖过来的地道，朝鲜则指责韩国修建分裂的"水泥墙"阻断统一，这些指责都遭到了对方的否认。混凝土屏障，分割了半岛的八个郡，一百二十二个村庄，切断了两百多条大小道路，仿佛一条混凝土屏障的"长城"，但可悲的是，这道长城不用来抵挡外来侵略，却是用来生生分裂同一民族的……

十四、最可爱的人"战胜节"再聚首

当年参加抗美援朝奔赴朝鲜战场的中国青年,如今多已是年过八旬的耄耋老人,时隔六十年,白发老人再次踏上曾经战斗过的热土,受到了英雄凯旋般的欢迎。满头白发的中国人民志愿军老战士感慨地说:"我们所到之处,有警车开道,医疗车护航,朝鲜群众手持花束夹道欢迎,呼喊着'欢迎英雄',享受到国宾级待遇。"

应朝方邀请,中国人民志愿军老战士代表团自 2013 年 7 月 25 日至 30 日到朝鲜参加朝鲜战争停战六十周年庆祝活动。25 日,朝鲜国防委员会副委员长金永春为老战士设宴接风洗尘。金永春说:"金正恩元帅专门嘱咐要特别邀请中国老战士,共同庆祝属于朝中两国共同的胜利。"他还拉家常似地交代说:"三伏天里温度高,请英雄战士一定注意身体,在朝鲜度过愉快的追忆之旅。"

"这其实是我第一次真正踏上朝鲜的土地,当年参战在空中击落过一架美军战机,还差点被击伤不能返航啊。"八十岁的空军老战士陶伟回忆说,时不时望向窗外,评点一番,"朝鲜绿化很好,当年的战争废墟上现在建起了现代化的高楼。"

老战士中,有以前空军司令于振武为团长的"将军团",也有由民政部组织的、来自全国各省市的普通老战士和几名烈士家属,他们绝大多数是停战后首次重返朝鲜。

中朝两国艺术家 29 日在平壤举行联合演出，向中朝两国"最可爱的人"致敬。中朝两国老战士手拉手步入平壤市中心的人民剧场，欢聚一堂，重温历史，共叙友谊。

七十岁的朝鲜"人民广播员"李春姬亲自出马，担当联欢会主持，邀请中朝老战士讲述当年并肩战斗的故事。朝鲜人民军军医安熙讲述道："我出生在中国，参加过八路军。多次在战役中输自己的血救治志愿军，因为他们是亲兄弟一样的战友啊！"另一名朝鲜人民军老战士说："当年和志愿军战士并肩打过惨烈的长津湖战役，谁能想到，今天能再同当年的战友在平壤相聚！"

参加过上甘岭战役的志愿军老战士侯建业站在舞台上声音洪亮："敌人白天占领的高地，我们晚上再把它夺回来！朝鲜人民冒着炮火，源源不断地送弹药上前线，这样坚守了四十三个昼夜。"志愿军老战士戴诗炜回忆道："至今难忘在金城反击战中，朝鲜群众自发组织起担架队转运志愿军伤员，把仅有的口粮送给志愿军吃。我亲身见证了鲜血凝成的中朝友谊和其强大的生命力。"

中国驻朝鲜大使刘洪才致辞说："今天，烈士们用生命捍卫的和平日益巩固，为两国的革命和建设事业创造了良好环境。我们将秉承先烈遗志，世代传承中朝传统友谊，共同维护半岛和地区持久和平，实现两国经济社会发展的宏伟目标，造福两国和两国人民。"

在中朝歌曲《我的祖国》、《向伟大的胜利者致敬》熟悉的旋律中，不少老战士和观众热泪盈眶。

"要是能树个名录碑就好了"

头顶烈日，志愿军老战士们来到中朝友谊塔，向长眠在朝鲜大地的志愿军烈士敬献花圈。友谊塔内的大理石基座里，存放有十本志愿军烈士名册，共计两万两千七百名，其中战斗英雄一百三十名。代表团成员中，黄继光的战友、罗盛教的弟媳，都在烈士名册中找到了英雄的名字，"找到了，找到了！"脸上悲伤和欣慰交织。

烈士家属们纷纷凑上前来，怀着恳切的心情一页页找寻亲人的名字。"几十年了，真想他啊！""我从未见过我父亲的面，也不知道他安葬在哪儿……"前来寻找父亲忠骨的花甲老人失落地说："青山处处埋忠骨。就盼望着到烈士陵园去看一看吧！"

7月28日一早，阴雨连绵，可也没有阻挡住志愿军老战士们前往开城的行动。经过四个多小时的雨雾车程，老战士到达开城志愿军烈士陵园。他们冒雨走近每一座墓碑前，诉说着六十年的思念……

雨势渐大，老战士们触景生情，已泣不成声，徘徊在一座座墓碑前，久久不愿离去。有的老战士抱着水泥"无名烈士墓"，呼喊着战友的名字。"我们今天过着幸福生活，你和我一起回去吧！""当年我还小不懂事，要不是首长您的爱护，我怎么能活着回来？"

不知道日夜思念的亲人和战友，魂归何处，老战士们执意在每一座陵墓前鞠躬敬礼。大雨倾盆而下，老人们全身淋湿，泪水混着雨水在泥土间流淌。看到此情此景，老战士曹家麟感慨地说："要是能给合葬的烈士们树个名录碑就好了。"

朝鲜最高领导人金正恩于次日前往中国人民志愿军烈士陵园凭吊，

瞻仰了包括毛岸英烈士墓在内的中国人民志愿军烈士墓。

金正恩指出，朝鲜不仅要保存和管理好桧仓郡中国人民志愿军烈士陵园，而且要重新好好修缮全国各地的中国人民志愿军烈士墓。曹家麟老人听到这个消息，双目放光地说："这是朝鲜对巩固和发展中朝传统友谊的具体行动，作为老兵我倍感欣慰啊！"

老兵是宝贝

六十年前那场惨烈的战争，给朝鲜半岛两国人民带来了深重的苦难，中国人民志愿军为捍卫正义与和平，献出了无数宝贵的生命，为保卫祖国做出了巨大牺牲。六十年过去，半岛和平依然仅靠一纸《停战协定》脆弱地维系着，朝鲜人民依然生活在准战时状态。

2013年7月27日，朝鲜战争停战六十周年。朝鲜举国上下隆重庆祝这一被骄傲地称作"祖国解放战争胜利"的"战胜节"，不遗余力向世界展示其"打败美帝国者侵略"自豪，颂扬金日成、金正日的功勋和金正恩卓越的领导才干，同时，借多场活动之机，强调朝鲜战争的胜利是中朝两国共同的胜利。

金正恩曾说，战争老兵是党和人民的巨大骄傲，是金银珠宝无法比拟的宝贝。朝鲜组织全国各地老兵来平壤过节，耄耋老战士集体过生日晚会，各地组织军民联欢。

27日，朝鲜在平壤和开城举办焰火晚会。朝鲜老兵说："庆祝烟火是朝鲜军民献给弘扬两位大元帅战胜业绩的金正恩元帅的光荣。""烈士的鲜血，化为礼花绽放在天空；烈士的精神，是闪亮的群星和勋章"——《胜利的礼花，你说吧》，打动了现场观看焰火的朝鲜老兵。喜笑颜开的朝鲜老爷爷老奶奶，手拉手诉说六十年分别后再重逢的喜悦。

连日来，朝鲜最高领导人金正恩、最高人民会议常任委员会委员长金永南、人民军总政治局局长崔龙海分别在多个场合，对中国人民志愿军的国际主义精神给予高度评价，并表示朝鲜人民永远不会忘记志愿军的丰功伟绩。

尽管步履蹒跚，志愿军老战士却精神昂扬，每天"赶场"似的参加密集衔接的庆祝活动。一天十六七个小时下来，问他们累不累，爷爷奶奶们回答："这点累算什么，朝鲜同志给予了我们最高的礼遇和荣耀。""规格之高，情意之真切，让我们备受感动。老兵图什么？不就是对那段历史的认可和人们的记忆吗？"老战士们满意地说。

29日，金正恩向志愿军老战士代表团赠送礼品，朝鲜人民武装力量部部长张正男会见并宴请老战士。张正男走到每一名老战士和烈士家属前，亲自为他们倒上酒，一一相敬。张正男脱下军装，与老战士相拥道："我的父亲也参加过祖国解放战争。你们当年并肩战斗，就是我的'阿宝吉'（朝语，父亲）！"老战士眼眶湿润，碰杯一饮而尽。

李源潮：中朝关系进入承前启后新时期

应朝鲜邀请，赴朝鲜访问并出席朝鲜战争停战六十周年纪念活动的中国国家副主席李源潮，7月25日抵达平壤。当晚，朝鲜国防委员会第一委员长金正恩在平壤百花园迎宾馆会见了李源潮。

李源潮首先转达了习近平主席给金正恩第一委员长的口信。李源潮说："今天，我们纪念朝鲜战争停战六十周年，是为了深切缅怀为保家卫国英勇牺牲的中朝两国优秀儿女。回顾历史，我们深感今天的和平来之不易,应当倍加珍惜。当前中朝关系正处于承前启后的新时期,中方愿同朝方一道,加强互信与沟通,扩大各领域交流与合作,推动中朝关系持续稳定发展。"

李源潮表示,作为朝鲜半岛近邻,中方坚持实现半岛"无核化",坚持维护半岛和平稳定,坚持通过对话协商解决有关问题。中方愿与有关各方一道,推动重启六方会谈,致力于推进半岛"无核化"进程,实现半岛和平和东北亚的长治久安。

金正恩表示,朝鲜党和人民永远铭记在战争中牺牲的朝中烈士们。朝方高度评价中国社会主义事业取得的巨大成就,珍视对华传统友谊,愿与中方加强沟通,增进合作,推动两国关系发展。朝鲜致力于发展经济,改善民生,需要一个稳定的外部环境。朝方支持中国为重启六方会谈所作的努力,愿与各方共同努力,维护朝鲜半岛和平稳定。

26日,李源潮在平壤参谒友谊塔,并前往桧仓中国人民志愿军烈士陵园,凭吊烈士。

位于平安南道桧仓郡的志愿军烈士陵园,是朝鲜最大的志愿军烈士陵园,2012年10月24日由中朝共同合作修缮一新。大门至陵园第一层有二百四十级台阶,象征着在抗美援朝战争中浴血奋战的二百四十万中国人民志愿军将士。原来的水泥台阶,现在已被花岗岩取代。台阶顶端的琉璃牌坊,正面坊额上是郭沫若手书的"浩气长存"四个大字。园中石碑上则镌刻有"抗美援朝保家卫国的烈士永垂不朽"的字样。陵园由下至上分三层景观,每一层均以塑像、碑文、浮雕、绘画等艺术形式,展现出中国人民志愿军的英勇形象。在最新的修缮工作中,这些浮雕和壁画,都经过了翻新和重新上色,并对原有墓碑进行了加固。

包括毛岸英烈士在内的一百三十四名烈士的墓地，位于陵园第三层。除三名无名烈士外，每一个茔冢前都立有石碑，一座座圆形白色茔冢排列得整整齐齐，每座墓旁都栽有一株从祖国移植的东北黑松。墓地前排正中是一座较大的坟墓，大理石碑上刻着"毛岸英同志之墓"，碑旁是毛岸英烈士的半身花岗岩雕像。

李源潮在两地敬献花圈，向志愿军烈士默哀。他说，六十多年前，中国人民志愿军与朝鲜军民并肩作战、保家卫国，捍卫了和平，维护了正义。中国党、政府和人民永远铭记在战争中献出宝贵生命的中华儿女，永远铭记他们为保卫祖国、保卫和平做出的牺牲。李源潮说，和平与发展是当今时代的主题。我们纪念朝鲜战争停战六十周年，旨在面向未来，更好地维护半岛和平稳定，谋求地区繁荣发展。